除了野蛮国家，整个世界都被书统治着。

司母戊工作室
诚挚出品

〔日〕黑川伊保子 ———— 著

何伊文 ———— 译

家人的使用说明书

家族のトリセツ

人民东方出版传媒

东方出版社

图书在版编目（CIP）数据

家人的使用说明书 / (日) 黑川伊保子著 ; 何伊文
译. -- 北京 : 东方出版社, 2021.11

ISBN 978-7-5207-1817-2

Ⅰ.①家… Ⅱ.①黑… ②何… Ⅲ.①家庭社会学—
通俗读物 Ⅳ.①C913.11-49

中国版本图书馆CIP数据核字(2021)第206430号

KAZOKU NO TORISETSU by Kurokawa lhoko
Copyright© 2020 Kurokawa lhoko
All rights reserved.
Original Japanese edition published by NHK Publishing, Inc.
This Simplified Chinese language edition published by arrangement with NHK Publishing, Inc.,
Tokyo in care of Tuttle-Mori Agency, Inc., Tokyo through Hanhe International (HK) Co., Ltd.

中文简体字版专有权属东方出版社
著作权合同登记号 图字：01-2021-5122号

家人的使用说明书
（JIAREN DE SHIYONG SHUOMINGSHU）

作　　者：[日] 黑川伊保子

译　　者：何伊文

策　　划：王若菡

责任编辑：王若菡

封面设计：谢　臻　谭芝琳

出　　版：东方出版社

发　　行：人民东方出版传媒有限公司

地　　址：北京市西城区北三环中路6号

邮　　编：100120

印　　刷：三河市金泰源印务有限公司

版　　次：2021 年 11 月第 1 版

印　　次：2021 年 11 月第 1 次印刷

开　　本：880毫米×1230毫米　1/32

印　　张：6.75

字　　数：115千字

书　　号：ISBN 978-7-5207-1817-2

定　　价：42.80元

发行电话：（010）85924663　85924644　85924641

如果没有新冠，想必我们不会和家人在同一屋檐下相处如此之久。

家人等于精神压力——这一喟叹在当下简直处处可闻。

因此，我希望借此书和那些怀有"活着就是痛苦""家人就是压力"想法的人聊一聊，如何让你的生活"松口气儿"。

◆ ◆ ◆

说起我自己的生活，还要感谢我的儿子和人工智能。

作为一个有孩子的工程师，我深切地意识到，孩子们在日常活动中做的"恶作剧"、出的"小差错"是多么可贵，它们对于促进大脑发育起着关键的作用。截至目前，人们尚未开发出一种能够"有意识"犯错的人工智能。一旦人工智能可以自行设计"恶作剧"，就代表着它拥有了可与人类比肩的思维能力。

由于主要从事人工智能的研发工作，在对人脑的功能性研究中，我学到了一些东西。那就是，才智和缺陷一定同时存在于人脑中：

- 和创造力抱团的是"随心所欲""浅尝辄止"。
- 深入思考的能力永远与"无所事事""磨磨蹭蹭"挂钩。
- 回避风险的能力对应着"畏缩不前"。
- 百折不挠的能力则对应着"重蹈覆辙"。

可以说，如果抹杀某一缺点，其对应的优势也会被削弱。

而且，如果眼里只有家人的缺陷，人就会变得很暴躁。

在掌管家中大权的主妇（或主夫）看来，家人很容易成为一种拖累。女儿三天打鱼两天晒网；儿子磨磨蹭蹭；丈夫对家中事务总不上心，犯过的错误不断重演；妻子随时随地满腹牢骚。

如果每天都要因为家人搞砸了事情而着急上火，任谁都会变得暴躁易怒，时不时就想刻薄一句："我不是早就说过了吗？"

但是，换个角度想想，这样一个家庭也可以是潜力无穷的，他们很有可能是创造力出众的女儿、善于深入思考的儿子，以及面对困难屡败屡战的丈夫。女儿总能提供新思路；时不时和儿子聊天能获得超乎寻常的深刻见解；丈夫可以把家具组装得像模像样；满腹牢骚的妻子则以其优越的回避风险能力，总能帮家人防患于未然。

一味看到家人的缺陷会让人生气，但若顺着缺点注意到对应的才能，每个人都会是家中不可或缺的一分子。

要知道，所有的才能都与缺点相伴而生、相辅相成，也就是说，每一位家人身上都有两面性。

"一旦开始就不许中途放弃！""不要总是瘫在那儿无所事事！""做事别磨磨蹭蹭的！""拜托你不要老是犯错了！"……总是希望日子过得毫无缺陷、对鸡毛蒜皮太较真的家庭，大概率不会拥有幸福。

这样下去还可能造成更坏的结果，那就是让家里的每个人终其一生都无法发扬自身的长处。

人工智能的研发教会了我这样一件事：在那些被我们基于生活常识判断为需要规避的负面信息中，绝大部分内容其实都是大脑所必需的——我们的大脑并没有在毫无意义的事情上浪费哪怕一秒钟的时间。

本书正是基于上述结论，尝试推翻当下固有的生活常识，希望借此帮助大家和家人们建立更优质的关系。

下面，就让我们一起迎接这个挑战吧！

目录

第 1 章

为什么家人让我们备感压力

我们这个社会得名"信息社会"，历时已久。

从某个陌生人的"今日怒气值"到纽约上流社会的"日常秘辛"，现代人生活的环境中充斥着繁杂的信息。想要在生活中无视"别人在想什么"或"别人拥有什么东西"，几乎是不可能的。

我们已经无法回到从前那种悠然自得的生活状态了。大众传媒不停传递的，社交媒体疯狂输出、扩散的，都是名为"信息"之物。

于是，越来越多的人活成了"趋利避害"的模样，听到一件事情被正面评价就不断凑近上前，听到一件事情的评价消极就极力避免接触，试图活得比谁都充实，比谁都满足。

看着这些人，我想，人类确实比以往任何时候都活得更"认真"了。

"认真"当然是个正面词。它能帮助我们提高生活水平，做出许多成绩。

但是，如果越过了某条红线，"认真"也会变得危险起来。

追求极致的现代人

消失的疾病卷土重来

对于消失多年的佝偻病"复活"一事，人们议论纷纷。佝偻病是由于骨骼发育过程中的障碍致使骨头变软，从而引发幼儿腿骨异常弯曲等症状的一种疾病。

起初，粮食匮乏是佝偻病出现的主要原因。大约在昭和40年代（1965—1974年），日本国内的粮食问题得到解决，这种病便逐渐在人们的视野中消失了。为此，新闻上曾多次提醒公众，由于许多医生甚至没有见过这种病例，极有可能在早期诊疗中造成患者病情的延误。

作为骨骼发育中至关重要的物质，人体内每天都会自动合成维生素 D。尽管这种物质也可以从剑鱼、褐菇、舞菇、鲑鱼、鸡蛋等食物中获取，但含量毕竟有限，光靠吃来补充远远不够。

如果不爱晒太阳、完全规避紫外线照射，就会导致人体维生素 D 缺乏，进而对骨骼发育产生负面影响。

前些天，某档电视节目报道，一位年轻女性的身高竟然平白缩短了足足 7 厘米，其直接原因便是骨质疏松症导致的脊柱压缩骨折。

这位 30 岁上下的女性尽管年纪不大，却患有严重的骨质疏松症。究其原因，说是想要保持肌肤的美白，长年都不晒太阳。尽管也可能存在饮食习惯、体质、生育及哺乳期等多方面因素的影响，但不得不说，她那种"太阳直射一秒都不行"的生活方式才是最主要的病因。

据说，为了促进人体内维生素 D 的合成，仅仅几分钟的日光浴就能起到一定效果。如果是生活在日本所处的这个纬度上，只要进行晾晒衣服、去庭院里浇花、出门购物等日常活动，乃至接受起居室内的自然光照，对人体来说就已经足够了。

然而，抗紫外线产品的功能性正在逐年增强，如今就连窗帘和衬衫都能防紫外线了。抗紫外线这个概念一不留神便有了草木皆兵之感。当然，目前出于一些其他原因，出门时还是必须佩戴口罩的。

宝宝们晒日光浴，孩子们在户外玩耍，这些都是自古以来育儿活动的基础配方。在纬度较高、冬季日照时间较短的欧洲，所有人都热衷于日光浴。人类自古传承下来的习惯必有其存在的道理。

试图彻底阻止一个事件的发生——这一行为中所包含的利弊值得我们冷静思考。

世事无完美

正如前文所述，太阳光线照射会使人长斑，甚至可能诱发某些癌症。但在考虑这些问题之前，首先要明白，阳光对我们的骨骼发育有着至关重要的作用。说到底，肉体凡胎的我们，哪一个能保证脸上完全没有斑点呢？是用灿烂的笑容掩饰晒斑、活得潇洒自在，还是放弃行动自如的身体，只为追求冰清玉洁的完美肌肤——如果是你，会做何选择？

胆固醇也是一样。尽管它常被认为对人体有害，但对大脑来

说，它却是能够有效防止神经信号减弱的重要物质。人脑约有
30% 由胆固醇构成，如果一味追求零胆固醇的生活方式，不难想
见，我们的大脑将逐渐停止运转。

好奇心、注意力、斗志，都属于维持生命的力量。它们全部
是由大脑神经信号生发的"情绪"，一旦神经信号减弱，这些代
表活力的情绪都将逐渐消失，不复存在。"没有活力、痛苦终
日"换来的健康，又算什么健康呢？

当代的生活方式一定代表着胆固醇过剩吗？果真如此，我
们确实应该注意调节；但若一味追求零胆固醇，只会招致更大
的风险。

儿子还小的时候，我经常带他去看儿科医生，当时那位医生
告诉我，12 岁之前感冒 100 次，孩子的身体里就什么免疫力都
有了。

他不推荐父母给孩子打腮腺炎疫苗，理由是，如果孩子真的
得了这个病且痊愈了，自身所获得的免疫力会更加牢固可靠。
"当前的疫苗搞不好只能撑个十二三年，男孩如果在进入青春期
之后才患上腮腺炎，就有可能导致无精子症，这样反而弄巧成

拙。让孩子尽量在幼儿园时期自然生病吧，如果到了 10 岁还健健康康的，我再给他打。"医生这样解释道。

生病固然痛苦，但也可以被视作塑造健康身体系统的关键步骤。反观当下，不知有多少孩子在父母的强迫下过着无菌生活。这样真的是对他们好吗？

过于恐惧死亡，只会让生存这件事本身变得更加艰辛。而原本不害怕死亡的人，也会受到身边那些盲目追求极致的人的影响，迫于他们的汹汹气势而无法做出遵从本心的选择。

有得必有失

世上没有完美的家人

家庭压力同样来源于这样的完美主义。

有男人味，会做家务，会讲甜言蜜语，还能砍树盖房、组装汽车，对妻子以外的女人全都不屑一顾，对小动物很温柔，虫子都不舍得杀一只，却（奇迹般地）能够保家卫国……如果妻子坚信这种无懈可击、浑身优点的男性是真实存在的，自然会对干啥啥不行的丈夫怒火中烧。

各科成绩优秀，运动细胞发达，乐器也玩得不错，内务整理得干干净净，彬彬有礼，天资聪颖，胆大心细，待人慷慨，性格坚毅，还是从不会惹人嫉妒的俊男靓女……一旦深信世上有如此优秀的孩子存在，自家孩子要是达不到这样的标准，谁能忍住不好好教训一番呢？

　　如果将这番话随便讲给某人听，对方的第一反应多半会是笑出声来，然后回复一句："这怎么可能呢？差不多就行了。"但恐怕转过头去，他就会把所有压力和训斥都施加到自己的孩子头上："好好学习！""学什么都得坚持下去，不许半途而废！""给我好好收拾房间！""这孩子，见人还不快打招呼！"……诸如此类的训斥必然接踵而来。

　　人生没有不用付出代价的事。一味地消除这边的风险，那边的风险便会纷至沓来。不论是紫外线还是胆固醇，都不可能被完全清除。

　　子女教育和夫妻关系同样如此。

　　举个例子，我们所知道的理科天才中，有相当一部分人完全没有好好拾掇自己的意识，这是因为他们脑中的"虚拟世界"太过活跃，无法与眼前的现实世界融合，从而无法达到虚拟与现实的平衡。

　　太过沉迷于脑海中的事物，就会在认清现实事物上花费更长的时间，无法利索地完成日常小事，最终结果就是东西用完乱放、衣服脱了乱丢、事情做到一半就撒手不管。不管是"任务"

还是"物品",总之就是没办法厘清——这就是一些理性思维活跃的大脑的典型特征。

如果拼命想把这样的孩子培养得彬彬有礼、一尘不染,或许一个潜在的天才少年就会悄无声息地消失;但若连正常的社会生活都无法适应,则根本算不上是长大成人了。

父母需要把握好以上两种风险的尺度,如果盲目坚信没有损失、只有获益的"完美主义",只会招致不幸。

所以,当看到自家小孩没办法把自己拾掇得井井有条时,不如就将其当作孩子的个性来看待吧!换个角度想想——"我家小孩可是拥有无穷的创造力呢!"不是同样令人欣喜吗?

江山易改,本性难移

丈夫和妻子、上司和部下,在面对上述问题时也是如此。如果对方改掉了"稀里糊涂""磨磨蹭蹭""做一半就撒手"等小毛病,某种程度上,他们的个性也会消失,你爱这个人的理由(不拘小节、想象力丰富、有毅力等)便也随之消失了。

不过，倒也不用担心。因为这些都属于大脑的个性，不是人为想改就能改掉的。

换句话说，即便努力改正这些小毛病，也只会徒劳无功，而"试图修正小毛病"这一行为正是"家庭压力"的主要来源。

"已经说了多少次了，为什么总是乱放东西？"生这种气毫无意义——因为肇事者也不知道自己为什么会这样啊。所以说，但凡遇到这种情况，不如问问对方是不是有什么困难，如果提醒多次都改不了的话，就要考虑是不是应该换个方式来应对了。

就在昨天，我家刚巧就出现了这样的状况。儿子把西服脱下来，随手就放在衣帽间门口的走廊上，这一幕刚巧被我丈夫看见了。作为家中一丝不苟的"洗衣队长"，丈夫当场就发火了，唐僧念经一样叨叨着："说了多少次了，不要随便扔在这儿，要挂上、挂上！这臭毛病怎么老是改不掉呢？不管有什么急事，都必须先把衣服挂在衣架上！"

儿子当时正在厨房里跟我一起准备晚饭。听到这话，我拔高音量对丈夫说："你也是的。吃了多少年你儿子做的饭了，就一件衣服而已，帮他挂起来又能费多少力气？""这是两码事！我说的是修养问题。"丈夫当场反驳。

就这样，每次他路过衣帽间走廊看到这副光景，火气就会越来越大。见此情形，我便悄悄替儿子把衣服挂上，还麻利地喷了点杀菌除皱喷雾——完成这些也就花了不到半分钟。

与其改变家人，不如换个处理方法

其实我家衣帽间的使用效率一向很高。这栋房子在建造之初，我们就特意精确地计算了儿子的动线，为他配备了一个专用衣帽间。

这个衣帽间位于刚进玄关、登上台阶之后正对面的地方，右边是卫生间，左边是一体式厨房，再往上一层就是儿子的卧室。不管进门后面朝哪边，他总会不自觉地在门口脱掉外套，把书包随便放在哪里后，径直往屋里走去。

再挪个 50 厘米，就能把包好好地放在固定的地方，挂外套的衣架也就在一米开外。如果儿子能自觉把外套和包放在该放的地方，固然是好事，但由于他还要负责准备晚饭，所以进门后总会直直朝着楼梯尽头的冰箱而去。多亏有儿子帮忙，我们一家才能每天享用丰盛的晚餐，所以放包、挂衣服之类的小事让他人代劳也没什么不可以的。

话说回来，我丈夫这唠叨别人的毛病也是改不掉的，所以只能静待他发泄完毕，再由我和儿媳解决儿子的"遗留问题"。

今年搬进新房子之后，这套机制一向运转良好，我们一家人也得以和谐共处。而在之前住的房子里，儿子丢外套的地方离衣帽间实在太远，为此我也常因丈夫无休止的唠叨和儿子随手乱丢东西的习惯而恼火（虽然最终还是决定原谅他们），儿子儿媳还总是为了衣帽间的面积分配问题吵嘴。

当时我就想，建新房子时，干脆将"乱丢乱放"作为房屋设计的前提好了。这个想法真正付诸实际后，争吵和怒火都明显减少了许多——我可以发誓，这绝对是真的。

对了，第二天一早看到自己的外套平平整整地挂在衣架上，儿子还会特意跑过来跟我说一句："谢谢老妈帮我挂衣服！"皆大欢喜。

家中无大事，只要对任何事情都上点心，完全可以避免家里人翻来覆去地为了同一件事发无谓的脾气。

◆ ◆ ◆

有些主妇看到丈夫胡乱脱掉衣服之后，也不翻个面就直接丢进洗衣机，真的会很火大，于是来找我抱怨。对此我往往都会提议："放弃吧，这都是大脑的习惯，不好改的，不如你自己上手处理来得更快。"通常主妇们都会对我这种说法表示惊讶："凭什么我来替他做？把脏衣服从洗衣机里掏出来再翻个面，你知道有多费劲吗？"

"既然如此，下次试着在洗衣机旁边放个脏衣篮？"我提议。

"脏衣篮？对哦，这倒是可以。"

看，这不是也有解决办法的嘛。

还有个朋友跟我说，家里的烧水壶是个尺寸很小的茶壶，她丈夫烧水时总会把水洒得到处都是。每次看到丈夫笨手笨脚、粗枝大叶的样子，她就忍不住心里一梗。

我帮她分析："要是你老公真的用不好小茶壶，不如干脆换成高中橄榄球部里用的那种大号茶壶怎么样？"

她立刻就接受了这项提议："大茶壶还真是挺配他的呢！"

◆ ◆ ◆

如果你的家人也常因为同一件事反复发火，与其改掉家人的所谓"毛病"，不如另辟蹊径，换种方式看待这些小习惯，这样会轻松得多。脑海中被"明明能做到，偏偏不努力"这样的念头占据着，自然而然会很生气，进而强迫对方必须按照自己提出的标准来行事；而早早接受对方根本无法达标的现实，就能很快找到其他方法来适应现状。

一点小小的改变，有时甚至能挽救整个家庭气氛于水火之中。

心无旁骛的男性大脑

丈夫最让人生气的瞬间

曾经有一本面向 40 多岁女性的杂志做过一次问卷调查，向读者征集"丈夫最让人生气的瞬间"。最终，"用完东西不放好"这一项毫无异议地夺得了第一名。

即使不是生活中总是犯迷糊的理科男，也有很多丈夫会做出这种事：脱了衣服不挂，用完东西乱放，事情做到一半就消失……在能干的女人看来，这一切小毛病都会成为夫妻和谐生活的拦路虎。

哪怕女人们提醒过无数次，每天晚上，家中还是总会出现一个迷迷糊糊睡过去的老公，喝完不收拾的啤酒杯在桌上堆成了山。第二天一早，妻子只好一边无奈地在水池边洗刷着臭气熏天、沾满啤酒沫的杯子，一边思考着干脆跟这个臭男人离婚算了。

在丈夫看来，自己只是不小心忘记洗杯子而已，这种事情不是常有的嘛。而在妻子眼中，这件事的性质相当恶劣：它不仅代表着这个男人家务意识欠缺、对妻子不够关怀，甚至会被拔高到人性泯灭的高度。

举个例子，如今不乏有些主妇，在看到准备泡澡的老公随手把衬衫脱掉往地上一扔便径直走向浴室后，忍不住会想："明明多走两步就能把衣服直接扔进洗衣机，这样我收拾起来该有多省心啊……我每天为了照顾三个孩子忙得脚打后脑勺，还要给你捡衣服、洗衣服，而且还得不到一丁点体谅和关心……"想着想着，不禁委屈得哭了出来。

男性大脑的锁定功能

我多么希望，世界上所有的女性都能看清这样一个"残酷"的事实。

典型的男性大脑思维是：想上床睡觉的时候，眼里就只有那张床；想泡澡的时候，眼里就只有浴缸。

悠久的历史长河中，男性一直以狩猎为本职工作，他们的大脑正是伴随着这一职责进化而来的。他们脑中搭载的，始终是"坚决果断锁定目标"的功能，确定了位于远处的目标后，便会心无旁骛，直到完成任务为止；与此同时，他们会自动给眼前杂七杂八的事物打码，以防注意力受到干扰，于是就变成了名副其实的"睁眼瞎"。

据说，人类在注意力集中时所能看到的范围，在整个视野中大约只占了大拇指指甲盖那么大的一块。当聚焦于远处的猎物时，自然看不到也没法去看自己的脚下有什么。如果下定决心要猎到那只动物，却被脚边的花草野果分了心，最后只能是捡了芝麻、丢了西瓜。

锁定目标，持续追踪——这一习惯既存在于视觉皮层，同时也会反映在思维定式和语言习惯上，即目的性强、理性客观。这些正是杰出商业人士所必备的特征，不论男女，一位商业精英在使用大脑时通常会优先开启大脑中的目标锁定－跟踪功能。

丈夫注意不到的"举手之劳"

优先启用锁定功能，使得大多数男性在准备做一件事时不会给其他干扰项留下余地。如果要去厕所，就只会盯着厕所前进，完全不会想到"顺手把桌上用过的杯子洗掉吧""洗手间里的毛巾该换了""除臭剂快没了，明天得去买一瓶"等诸如此类的"举手之劳"。即便妻子从旁指点，以后他就会注意到吗？不存在的。

要是放在原始社会，这些"什么都不收拾的男人"说不定正是狩猎的一把好手。在现代社会中，这样的男人在工作上想必也是成绩非凡，侧方停车能停得很漂亮，而且万一出了什么事，豁出命去也会保护好自己的家人。唯独这个不收拾东西的习惯，是无论如何都改不掉的。

就算你想帮他改正，最终也只是虚耗精力、徒增压力罢了。夫妻之间，总是有舍才有得，学会不在无谓的事上坚持，生活才会更加和谐美好。

◆ ◆ ◆

负责采摘和养育儿女的女性大脑又是怎样一种思维方式呢？

"树上的果实、蘑菇、鲜花和野莓，全都要为家人采到。"而在这一切工作之上，女人最关注的还是孩子身上出现的细微变化，这也是女性必须承担的职责。

因此，多数女性的视觉都用在密切关注周边三米以内的状况上，哪怕是如针尖点地般的微小动静，也能精准地捕捉到。通过这样的行为模式，女性就能够守护更多的后代。哪怕一辈子不生儿育女，这种生物习性仍会铭刻在大部分女性大脑的意识深处，长长久久地传承下去。

这样就讲得通了——妻子们总会在去洗手间的路上，顺手清理桌面，检查除臭剂是否需要替换，把脏毛巾换下来丢进洗衣机，最后再拔掉浴缸塞子。这类丈夫不放在眼里的"举手之劳"，在家中比比皆是。

一句谢谢都得不到吗

说到"丈夫不知道的事"，我能举的例子可太多了。

去年，我丈夫退休在家，主动承包了洗衣洗碗的家务活。

我家一共四口人，我和儿子负责做饭，儿媳负责打扫卫生。自从丈夫分担了洗衣洗碗的工作之后，一家四口全部活跃在各自的岗位上，各得其所，好不快活。

可是半年过后，问题出现了。有一次我回到家里，发现丈夫和儿子吵起来了，起因是作为家中主厨的儿子提醒父亲，他刷锅的方式不对，做父亲的顿时火冒三丈。

大家都知道，使用后的铸铁锅表面有油层，不能用力清洗。我家的铸铁锅一直都用亚克力毛球清洗（可以有效洗去蛋白质污渍），从来不用洗洁精和厨房海绵。在我们的精心呵护下，这口锅一直用得好好的，煮火锅、炖肉时效果极佳。可我丈夫不知道这些规矩，不但用清洁海绵用力洗刷，甚至操起钢丝球将其打磨得锃光瓦亮。

"不知者不罪。既然这口锅这么宝贝，那你自己洗不就得了！"丈夫嘴硬，就是不肯低头道歉。儿子不乐意了，说什么都要他先道个歉，丈夫正在气头上，敷衍地来了一句："知道了，对不起啊。""这哪里算道歉啊！"儿子揪住这点就是不放。正在剑拔弩张的当口儿，我回来了。

如果当时我能早点到家，一定会把错误揽到自己身上，说是我不对，没把洗锅方法告诉丈夫。先跟儿子道个歉："昨天晚上没有把这口重要的锅收好，对不起呀。"再跟丈夫道个谢："知道你是特意把丢在那儿的锅刷了，谢谢啦。"像这样把家人的怒火都转移到自己身上，不就万事大吉了吗？这样一来，丈夫一定会老老实实地道歉，说句"今后会注意的"。现在可好，锅没收拾好，儿子儿媳也转身把自己关进房间里生闷气去了。

丈夫仍在发火，冲我说道："你知道每天洗碗有多辛苦吗？每天早晚都要把所有人用过的餐具收拢过来洗干净，多累人啊！孩子他妈，你可不知道啊！"

我震惊了："等会儿，你先冷静一下。咱俩是 1985 年 4 月 6 日结婚的对吧？到今年 4 月，整整 34 年，这中间都是谁在洗碗，你想过没有？"

丈夫突然吃瘪，捂住了嘴。

"你们的早饭、便当都是我在做，碗是我洗，衣服是我洗，我还得收拾好自己再去上班，工作间隙还得写书，我说过一句委屈吗？"我一锤定音，给出了最后一击。

从那以后，丈夫默默回归厨房，洗碗时再也没有抱怨过。

就在前些天，丈夫看到我正在洗碗，便走过来说："又做饭又洗碗，真是辛苦你啦，谢谢孩子他妈。"他本质上是个内心很温柔的人，意识到这些家务活儿很辛苦之后，就会真心慰劳正在干活儿的人。

只不过，意识到这件事竟花了整整34年！就算是平时还算冷静的我，听到这番话也讶异了。原来之前从来不说感谢和慰问，不是因为眼看着我这么辛苦却故意忽略不提，而是压根儿就没意识到我的辛苦！从理论上来说倒也不是不能理解，但亲身经历时，还是别有一番滋味在心头。

关爱被惹恼的家人

尽管没有官方统计数据，但我认为，世上每个家庭里或多或少都会产生一些摩擦。

家庭主妇（或主夫）往往承担着家里其他人根本不会留意的工作，默不作声地处理着数不胜数的家务。别再说这是理所应当做的了，毕竟这可是堆积成山、永远也做不完的家务活儿啊！

这次事件成功地让我回忆起自己曾经因为"从来没有收到感谢"而受伤的日子。不过那都是 20 多年前的事了，后来就忙得顾不上记恨了。

这件事既是一次自我告诫，也是一次教训。

如果丈夫意识不到"举手之劳"的存在（有时候甚至连正经家务活都会忽视），好不容易做一次家务就一直记在心上、时刻强调，甚至有事没事就要跳出来指挥别人劳动，试问有哪位妻子会不生气？这段话的主语换成主夫也是一样，阅读时请各位丈夫、妻子自动调换身份。

况且，也并不是要求不做家务的人必须注意到所有的事，只是希望他们能大概有个认知——"原来家务活儿比我想象中要多得多呢。"当然，能做到常怀感恩之心就更好了。

时不时地夸赞和感谢也非常重要。比如，日常生活中可以满怀喜悦地对妻子说："谢谢你今天又做了我爱吃的咖喱！"或者："帮忙换了床单真是辛苦了！"对了，在她叠衣服的时候，也别忘了道谢——已经不出力了，起码要记得说点好听的弥补对方。

这本书的主题是为大家开出"不惹家人生气的处方"，但我更希望大家能在看到家人辛苦的身影时上前搭把手。况且，不让妻子生气的方法千千万，光凭一本小书是写不下的。我还写过一本《妻子的使用说明书》，在其中有更详细的介绍。

多线程的女性大脑

水满出来了也无妨

刚刚我提到"丈夫一有闲工夫就会对家务指指点点",不知道这样的场景有没有让大家联想到什么呢？

曾经有一位 50 多岁的男士困惑地向我倾诉：

> 有一次，我看到妻子一边用烧水壶接水，一边跑去做其他事，结果烧水壶里的水溢出来了。于是我好心提醒她，如果一边接水一边干别的事，又想在干完活儿的时候水也能刚好接满，可以把水龙头关小一点。谁知听完我的建议，她竟然生气了。

这位男士在工作中是负责生产管理的专家。在他的这段话里，刚好反映出了生产管理的重中之重——关键路径（critical path）的规划。

在并行任务中，其他所有任务的时间线都必须配合那项最耗时的工程，即关键路径。最终的预算要能够让所有同时进行的任务在同一时间节点完成。

如果有任何一条线提前完成任务，就会出现空窗期或部分零部件的大量堆积。所以说，任务并不是越早完成越好，"合时宜"才是最重要的。不管是设计生产线还是软件编程，产品经理们都必须把这个原则牢记在心，贯彻执行。

有这种思维方式的人在看到水从壶中溢出时，自然会想到应该让出水量减半。但是请仔细想一下，工厂和家本就是两个完全不同的场景，要想在这两个不同的地方分别推进一件事完成，能遵循同一种逻辑吗？

女性大脑并不会提前计划好在水接满前的空余时间里还能做什么事情，它的逻辑是这样的：水壶正在灌水时，如果眼睛偶然瞟到什么，就会立马动手收拾，只是因为一个不小心水才满了出来。这种任务处理机制是偶发性的，甚至可以说有点缺乏责任感，但若非如此，琐碎的家务活儿就一辈子也做不完了，更别提其中还有些需要同时处理的多重任务。正因为女性大脑具有这种

功能，主妇们才得以应付丈夫注意不到的"举手之劳"，成天做
家务也不会积攒什么压力。

水壶满了、冰箱门忘关了、锅煳了……其实这一切都在多任
务系统的预料之中。女性大脑在一定程度上是容许出错的，这样
便可以有效降低家务整体带来的身心压力。

接纳彼此的差异

女性大脑有一套完整的多任务协同处理系统，能够通过预估
一些非致命性错误来减轻任务总体压力，这正是我们在现代社
会中所必需的。

某些时刻，我能感受到"我们的时代已经做好了准备"。在
21 世纪初涌现的尊重差异性社会潮流的影响下，越来越多的女
性领导者登上了国际舞台。当前，针对全球范围内发生的重大问
题，女性大脑独有的感性不可或缺。

但正如前文提及的水壶的例子，拥有男性大脑思维的人无论
如何也无法理解女性大脑所能带来的力量；同时，如果女性领导

者还要应付来自男性大脑思维所认定的规则和逻辑的批判，便无法充分发挥自身的优势了。

反之亦然。男性大脑思维对大型组织或集团来说是不可或缺的，拥有女性大脑思维的人也不必对其锱铢必较、吹毛求疵。

大家各退一步，心胸宽广地接纳彼此的差异，不去向对方鸡蛋里挑骨头，不是皆大欢喜吗？

所以结论就是："一开始就把水龙头关小"这种建议对女性大脑的多重任务处理系统来说，一点意义都没有。

然而明明没什么意义的建议，却因为在当时的场景下偏偏有其"正确性"，令这位妻子无法反驳，越是这样越会给她带来精神压力。而丈夫呢，本来没说错什么，却遭到突如其来的怒气袭击，最终也只能莫名其妙地独自头疼。

谁都没做错，结果谁都没落下个好，真是两败俱伤啊。

◆ ◆ ◆

男性和女性有着完全不同的任务管理逻辑，一方做事时，另一方最好尽量不插手，这样才能相安无事。

这个建议不光适用于丈夫对妻子，反过来也是一样的。丈夫做家务时，妻子就放手让他自由发挥吧。当然，对方如果提出什么问题也要耐心指导。

身为"家务大神"，眼中总有干不完的活儿："啊，这么晾衣服的话那面儿可晾不干。""粉末撒出来了得赶紧擦，一会儿再擦就费劲了。"……但与其在一旁唠叨，不如先转移注意力，去忙些别的事，待到对方将所有活儿都干完、进入善后阶段时，再自然地告知一开始就如何做会更省力，这样不是更好吗？如果在失败后能得到耐心的指导，想必对方更容易将正确的做法铭记于心。

"仙鹤报恩"①的故事相信大家都听说过，其实我想说的差不多：要刻意地不去注意对方正在做什么。例如，在家务能手妻子和家务小白丈夫这样的组合当中，妻子如果让丈夫做饭，还请尽量不要关注他具体是怎么做的。这时候，你可以去忙别的、去

① 仙鹤报恩：日本民间传说，讲的是一只仙鹤为报救命之恩化身为人，帮助恩人织布卖钱。虽然有言在先，织布时不许有人偷看，但恩人忍不住好奇心，导致仙鹤真身被识破，不得已终止了报恩。——译注

美容院，甚至看看韩剧来转移注意力——不论如何，果断离场永远是最明智的选择。

◆ ◆ ◆

下面我来总结一下前文的中心思想。

我们的大脑中存在一种瞬时传递神经信号的模型，我称之为"感性运行模式"。如果运行模式不同，看待事物的方式、思维方式乃至推进事物的做法都将产生天壤之别。说白了，每个人的世界观都不同。

如果不仔细斟酌人与人之间世界观的差异，那么不仅无法真正理解对方，甚至有可能好心办坏事，最终导致两人彼此看不顺眼，互相生对方的气。

将"别人办不到的事"理解为"故意不为我做"，甚至会使得自己对对方的体贴、感情乃至人性产生怀疑。

特别是，男性大脑和女性大脑的"感性运行模式"在生理构造层面就是完全不同的，如果不事先了解这一点，在组成家庭、共同生活的过程中，所有人都会很辛苦，人生也会变得更加艰难。

大人和孩子的大脑，文科生和理科生的大脑，也会产生类似的摩擦。家庭原本就是不同类型大脑的集合体，每个人都有自己的见解。对于这一点，我们只需心胸豁达地接受就好。否则的话，生活真的会很辛苦。

大脑不是全能王

世人都渴望无所不能。但是，无所不能同样也代表着危险——因为我们的大脑根本无法做到全能。

举个例子：我们无法将精力同时放在远处和近处的事物上，对不对？

要聚焦于远处的目标，或是观察近处的情况，大脑动用的是两种完全不同的神经回路。尽管人人都能在这两种神经回路之间来回切换，但谁都无法让二者同时发挥作用。

通过观察功能性脑成像图可知，人在眺望远方时激活的一般是连接前额与后脑的纵向神经回路，观察近处情况时则更多地激活了连接左右脑的横向神经回路。如果将大脑比作电路板，这两种回路完全就是两种不同的装置。

也就是说，虽然拥有同样配置的大脑，但男女两者在瞬时反应时就像是两种完全不同的装置，由此便可达成注意力分布的总体平衡。

当危险逼近时，家里总会有一方瞬间判断出远处的威胁，快速应对；另一方则会将注意力集中在身边的亲人和贵重物品上。两种应对方式相结合，才能帮助一家人摆脱困境，守护最重要的东西。

在多数情况下，男性会自然而然地承担起前一种职能，女性则承担后一种。但也不是没有例外。我们的大脑不是工业产品，当然也不会像大多数机器一样做出"是或否"这种非黑即白的判断。

值得注意的是，从来没有任何人能够身兼双职——一对组合中总会有明确的分工，没人可以既顾此又顾彼。也许正因为男女双方在各方面都是互补的，他们才会选择结合吧？抑或是多个个体在构成组织时，会"下意识"地进行职责分配，平衡各方势力，从而组成一个共同体？想必两种原因都有吧。

人脑中存在一种与免疫有关的 HLA（人类白细胞抗原）基因，这种基因包含多种类型。男性与女性都更有可能对 HLA 类型与自己不同的对象发情，这是由大脑特征决定的。两个人通常会在免疫——也就是接受外界刺激时产生不同的反应，具体表现有：耐寒或耐暑、稳重或性急、睡眠浅或睡眠深，等等。正因如此，他们才能在外敌来犯时给予彼此多重守护，其子孙后代也能够具备更加丰富的多样性。

每个人都可以在优先使用女性大脑或男性大脑之间来回切换。如果一个小组中的所有人都有着相似的脑回路，其中必然有一个人会临时充当与其他人互补的角色。

所以我们看到，在女校和全是女员工的职场中，必定会有一名仿佛宝冢歌剧团中反串男角的潇洒女人，利用她男性大脑的一面为其他人做补充——而且大概率还是个美人。同样，在棒球部那种全是男生的地方，一定也会有一位散发着"母性光辉"、无微不至地照顾后辈的学长。

我们的大脑不仅有着与生俱来的偏向性（偏向男性思维或女性思维），还会依据环境变化不断调整，从而让自己更好地生存。

尽管如此，诚如刚刚提到的，没有人能够同时使用上述两种脑回路。

看向远方，就无法观察近处；注意力在近处，就无法兼顾远方。

一个人不可能在解决问题的同时拥有同理心；过于理性难免缺乏创造性；想得太多，实际行动就跟不上。

大脑天生如此，没有人能面面俱到——大脑不是全能王，希望大家都能明白这一点。

互补才叫一家人

家庭的原点

如果一个人的注意力试图兼顾身旁与远方，最终只能大致地整体浏览。诚然，如果需要在一片广阔区域内锁定目标，或者进行运动、射击等需要特殊视野的活动，那么你必须密切关注身边情况，同时也不能放过远处大范围内的任何一点细微变化；但在样的状态下，一般不会直接做出反应、采取行动。

也就是说，如果试图全方位调动人脑，感性（大脑感知并做出反应的生理功能）将全面弱化——因为人脑中能够同时传递的神经信号的数量是有限的。

想要开足马力调动人体的某一特质，就必须针对大脑的特定区域进行特别强化，令该区域经常得到激活；如果想让激活信号滴水不漏地覆盖整个大脑，只会削弱其整体强度。我们都知道，想让水管里的水喷射至远处，就必须把出水口收得越窄越好——

神经信号也是如此，毕竟出水量是恒定不变的。

如果以图表的形式来展示，就是一个类似体测表的雷达图（蜘蛛图），图上的形状一定不会是全面开花的，有些数值更高，那部分图形便会凸出来，而另一些数值低的部分则会凹进去。这才是大脑的正常形态。

既然如此，要想拥有更强大的力量，绝对不能指望仅凭一个人做到完美，而是应该找到图表上凹凸形状互补的人合作共事，自然就可以组成一个各项数值都很出色、没有短板的图形，从而获得强有力的整体。这种整体的最小单位就是家庭。

图表中凸出的部分就是一个人之所以能够生存所仰赖的才能（也就是我们常说的优势），为了更充分地发挥其优势，我们必须适度接纳凹陷的部分，也就是个人的弱点。

因此，对待家人，我们必须做到：内心强大，不会对他人评价耿耿于怀；能够将缺点视作个人特色，给予包容、理解和支持。这一切，正是家人真正的意义所在。

我个人不是特别赞同"鼓励式教育"的说法，但直到写作这本书时，才逐渐想明白了自己为什么会不赞同。我一直反感仅仅强调某人的长处，因为在我看来，这么做的背后也暗含着厌恶其弱点的意思。

既然如此，不如干脆和愿意把自己的缺点当作魅力所在的人结婚。试问你是希望和一个遵循普适原则、仅凭优点识人的人在一起，还是和一个即便背叛全世界也要站在你这边的人在一起呢？

——各位，请试着将"包容对方的缺点"作为组建家庭的原点吧。

有一种爱叫作"宠爱"

我的祖父生前，留下了一些非常有趣的话。他说："我的后代绝对不能当医生或护士。这两种职业要想长久做下去，就必须直面人类的肮脏，我的子孙恐怕会承受不住。"

小时候，祖母会把我抱起来放在膝盖上，一边为我读报纸一边说："以后咱们绝对不能上报纸哟，因为上报纸的不是罪犯就是名人，不管是哪一种，你都无法逃脱世俗的目光，就没办法做自己了。"

父亲虽然是一名教育工作者，但从来不曾在学习或作业上催促过我，甚至曾在晚餐后的小酌时间将我抱在他的膝盖上对我说："学习就应当在学校里完成，只会布置作业的老师只不过是三流教师。"

——这可以说是对我彻彻底底的宠爱了。

想必，"宠爱他人"是我家世代传承下来的传统吧，我自然也不可免俗地将其继承了下来。它就像赌博成瘾一样，无论如何也抑制不住。

到了我儿子这一代也是如此，他很小的时候就学会了无条件地包容我。每当工作不顺心、家务也做不好的时候，我就会向无辜的儿子乱发脾气，而他却会对我说："放心，妈妈，别着急，我只要有妈妈抱抱就好了，打扫屋子之类的家务活儿不干也没关系，没事的，没事的。"说着，就会紧紧抱住我。

如今，儿子第一宠爱的对象变成了妻子。他的视线永远停留在妻子身边，为她洗手做羹汤，绞尽脑汁安排她喜欢的活动。世事艰辛，他却一直认认真真地保护着妻子不受任何伤害。我的儿媳也是一位妙人，她温柔美丽、情感充沛，总会以满怀感恩和爱意的话语做出回应，让儿子的付出得到回报，二人的感情由此得到了进一步的升华。

每每看着这对眷侣，我都能感受到满满的幸福，仿佛韩剧就在我眼前现场直播。有时我甚至觉得，自己也从他们身上汲取到了这份无条件的宠爱。

就这样，我们家世代都秉持着不要催孩子"快去学习""快去上课外班"的原则，孩子想要的东西也尽量满足，将"宠爱"发挥到极致。

虽然在溺爱之下长大，但我的儿子并没有堕落成啃老族。如今的他，度过了摩托骑行上万公里的少年时代，念完了物理学硕士，还曾就职于汽车设计公司，前年应我的邀请来到我的公司负责研究开发工作，在商业思维上也远超于我。

去年，儿子买下一片树林，利用周末的时间紧锣密鼓地打造了一座属于自己的房子，平日里不但为妻子做饭，还知道用甜言蜜语浇灌她，在生活上也无微不至地呵护她。

就是这样一个事业、家庭两不误的男人，平时也有点爱发呆、做事磨磨蹭蹭的小毛病，东西用完不放好、事情做到一半就离开、丢三落四，都是常事，几乎每天都会遇到找不到要用的东西一类的麻烦。

然而仔细想想，这些毛病好像是我遗传给他的。我平时也会一直到处找东西，在旁人看来，我一定是一副边绝望边发呆、做事磨磨蹭蹭的样子。

"既然意识到了问题，就努力改正嘛。"——我想，一定会有人这么说。但实际上，改正并不轻松。我们母子俩磨蹭发呆的毛病如果被谁治好了，几乎就代表着我们俩的个性也就此消失：我将无法再继续写书，儿子也不能继续开拓他的小森林了。

何必在意世人的眼光

感性削弱，个性消失，才能更顺畅地推进集体生活。在日本经济高速增长时期，这样的人才多多益善，他们勤劳能干，努力贯彻社会整体的理想，严格遵守"上级的命令"。成型于 20 世纪的唯分数论和精英教育体系正是为了培育这样的人才而生的。

在这个国家当中，个性只是为了迎合整体规律而存在的。假如安排一次题为"你想培养出怎样的孩子"的问卷调查，其中"待人温柔"这一项必定名列前茅——这就是日本的国情。相比于自己孩子的幸福，我们将其他人的安稳平静放在了更重要的位置。不愧是深谙待客之道的国度啊！

想必日本国内 20 世纪的经济高速增长正是缘于这样的国民性。

渴望将所有人都培养成个性统一、水平同等的精英——我认为，这样的现象对一个发展中国家来说可能算是很好的范本，但对于事业开拓速度加快的成熟经济体来说却并非上策。如今，社会已经进入智能时代，人工智能足以给出所有标准化问题的答案，人类的工作则开始逐步向发挥个性、做出感性判断的方向聚焦。

因此，我觉得大家还是不要在"按照社会理想塑造自我"这个问题上钻牛角尖了。

开拓个人电脑新领域，乃至颠覆了整个世界的苹果公司创始人史蒂夫·乔布斯（Steve Jobs）曾在演讲中提到，万不可陷入教条主义的陷阱。所谓教条主义，指的就是我刚刚说的那种"用小我来贯彻全社会的理想"的生活方式。他还提出，要找到自己热爱的东西，勇敢追逐内心和直觉，它们会带你找到真正想去的方向。

因为在意世人的眼光而努力做到事事完美的人，看到有人不愿走这条老路，便会上前纠正对方，彻底消除不可为之事——日本这个国家的某些气质着实令人着迷，但这样的行事作风并不适用于 21 世纪，甚至会最终演变为家庭精神压力的来源。

◆ ◆ ◆

不如从现在开始，改变对家人的看法吧。

世人的眼光并不能作为评判家人的标准。家里人的缺点多多少少是能被纠正的，但请你不要忘记，它同时也是可爱的。即使与世界为敌，也要和家人团结在一起。

看到这样的描述，各位可能会觉得这完全就和电影中的黑手党一样了嘛！但是可别忘了，黑手党成员正是自称为"家族"的。在意大利人的心中，"家族"这个词本身就暗含了这么一层意思。

而在日本文化中，对自家人会使用谦称，如"拙荆""犬子"等。我并不反感这种称呼，相反，我觉得这种每一个小家都服从于国家规范的文化蕴含着一种美的意味。不过未来，这样的"忠"似乎需要重新审视了。

其中的重点就是我即将谈到的"宠爱"，宠爱家人正是本书的主旋律。

"宠爱"究竟是怎样一种爱？接下来，就让我为大家详细讲述。

第 2 章

家人是用来宠爱的

家人就是用来"宠"的。

听到我这样建议，一定会有人反驳："对孩子一味溺爱，他们将来怎么长成一个合格的大人啊？""惯着老公（或老婆），他们只会得寸进尺、没完没了！"

这样的担心不绝于耳，但事实果真如此吗？

我认为，只有越来越多的"宠爱"，才能强化人性的力量和家人之间的爱。

"宠爱"和"强大"——让我们仔细思考这组看似矛盾的词语中，究竟暗藏着什么样的玄机。

没有欢笑的家庭培养不出努力的孩子

我的父亲曾是一名高中教师。有一次，他对我讲了这样一个故事。

曾有一位非常关心孩子学习的母亲皱着眉头向他询问，如何才能让自己的儿子打起精神。父亲回答，请蒸很多很多红薯给家里人吃。

他进一步说明："最好让家人聚在一起吃，吃完大家一起放屁，互相取笑。"

那位母亲看上去十分严肃，脸上一点笑意都没有，她的家里平时一定也是静悄悄的，没什么欢声笑语。在缺少欢声笑语的家庭里，孩子总是很难打起精神追求上进的。这就是父亲如此建议的理由。

当时还是大学生的我听完唯有震惊，脑中只有一个念头：这

老师当得也太敷衍了！可如今，我却对父亲的话有了更深刻的
理解。

　　那位母亲听到此番话，紧锁的眉头瞬间展开，噗的一声笑了
出来。相信她在回家的路上一定去买了不少红薯。就算不是完全
按照我父亲的提议去做，压在她肩上的重担应该也稍微得到了一
些缓解，这就已经足够了。

　　现如今，这位母亲的孩子大概也有 50 多岁了吧。

◆　◆　◆

　　我父亲一直很喜欢《鲁邦三世》这部漫画，却对《巨人之
星》嗤之以鼻。

　　理由很简单，《巨人之星》主人公的家中从来没有出现过欢
声笑语。父亲曾毫不留情地点评这部人气漫画："没有幽默感，
也就代表着感性缺失；而感性缺失，就意味着无法成为一流的
人。对孩子不苟言笑地严加管教，只能说明这个家庭里的人都很
苛刻罢了。"

　　然而父亲作为一名教师，却坚持向孩子们热情推荐以小偷为

主角的《鲁邦三世》。究其原因，原来是他对鲁邦的幽默感和侠义之气情有独钟。

"生活在没有欢笑的家中，孩子也就没有力气拼搏。"

每当想起说这番话时父亲脸上的表情，我都能感受到他对学生们付出的爱。

父亲天生就适合做一名教师。

◆ ◆ ◆

父亲母亲都没有在学习或修养上苛责于我，对我的期待值很低，似乎从来没有指望我在学习成绩或礼仪方面做到多么优秀。小时候，我常在屋内疯跑，撞破房间里的隔扇，到处乱写乱画刮坏墙壁，可他们不仅不骂我，甚至还觉得很有趣；听到我成绩不好，也从来都是报以一阵大笑。他们从来不会提前辅导我的功课，或是将我送进什么课外辅导班，而我从来也没有在学习方面出人头地。记得初入小学时，我连自己的名字都不会写。父亲常说："提前把这些东西都教给孩子了，上学该多没意思啊。"

其实我也不是没有想过，如果当初他们能更为严加管教，说不定我现在就能成为一个更厉害的大人了。但事到如今，对于那段父母如此宽容大度的儿时岁月，我的心中只有感恩与感激。

不必惧怕失败

"一流"的小孩什么样

我的朋友伊藤佳子是一位职业高尔夫运动员，被称为"第一代美女高尔夫球员"，是个名副其实的美人。她曾多次被邀请参加日本广播协会的《高尔夫讲坛》节目，还是一名非常优秀的高尔夫教练。

多年前，正值女子高尔夫球员活跃于球坛之际，这项运动因此备受社会关注。有一次和伊藤吃饭时，我同她闲聊："这种时候，高尔夫课外班应该是门庭若市吧？"

"是啊，的确，很多以小孩为主要学员的兴趣班都盼开班盼了很久了。"

想象着一群小孩坐在教室里听伊藤讲解高尔夫哲学的画面，我不禁问："什么样的孩子能成为顶级职业球员呢？"

"谁都有可能啊。"她不假思索地回答,"高尔夫是一种面向全年龄段的运动,并不像花样滑冰的空中旋转四周跳那样,对运动者的体能有那么高的要求。"

"但是,"她突然认真起来,接着说道,"只有一种父母的孩子无法被训练成为尖子。"

"什么样的父母?"作为一位母亲,同时也是人脑功能的研究者,我赶忙追问,全神贯注地等着答案从她口中说出。

"过分纠结成绩的父母。如果父母对成绩患得患失,就会让孩子逐渐惧怕失败。做父母的绝对不能在孩子遭遇失败或获得成功时比孩子的反应更激烈。"

伊藤的话瞬间击中了我的心灵——这句话中所蕴含的意义恰好与我从事的人工智能研究息息相关。

人工智能与感性

1988 年那会儿,我用自己的电脑做了个小小的人工智能,是个神经元网络的样品。

所谓神经元网络，是以人类的大脑神经回路为模本设计出的神经系统，主要由模拟大脑神经元的节点（节）和模拟突触的连接（线）构成。

神经元网络是人工智能的核心技术。狭义的人工智能即等同于神经元网络，有人甚至将人工智能称作"用神经元网络做的东西"。

相信大家都还记得围棋人工智能"阿尔法围棋"（AlphaGo），它在 2016 年成功打败韩国围棋手，引发了世界范围内的讨论热潮，人们纷纷认为"人工智能超越人类的时代到来了"。阿尔法围棋也是神经元网络的产物，它之所以走红，是因为"深度学习"这个概念。深度学习指的是适用于多层神经元网络（一般 4 层以上称为多层）的学习方法。

神经元网络可以通过反复进行模式学习，自主积累学习成果。以围棋人工智能为例，人类让它学习的并不是围棋的游戏规则，而是棋谱。而且，就像我们无法轻易读懂他人脑中在想什么一样，人工智能的学习成果潜藏在神经元网络中，它究竟是以什么样的世界观来理解围棋的，谁也无法轻易看透。

　　阿尔法围棋的神经元网络足有 7 层，共包含 110 万个神经元以及 7.3 亿个突触。研究显示，人脑当中，大脑的神经元数量有上百亿，小脑中则有 1000 亿之多。

　　神经元总量成倍增长，学习的复杂程度便会随之升高，控制难度也相应提升。1988 年，富士通将神经元网络压缩至芯片尺寸，打造出了 3 层共含 29 个神经元和 232 个突触的芯片。从小小的芯片进化到阿尔法围棋级别的人工智能，人类长途跋涉了近 30 年。

　　从这一点上来看，人脑的功能之强大着实令人叹为观止，其学习能力真可谓不可限量。将棋棋手藤井聪太就曾经下出过一些闻所未闻的高招，把将棋人工智能耍得团团转。他的经历让我不由得对人脑的优越感到心潮澎湃。虽然我不懂将棋，却莫名为藤井下棋时的思考动作而着迷——这绝对称得上是"人类之光"。

◆ ◆ ◆

　　诞生伊始的人工智能教会了我一个重要的人生道理：大脑不但不应该忌讳失败，反而要拥抱失败，将失败当作不可或缺之物。

人们赋予了神经元网络"输入 + 输出"的学习模式，让其能够自主学习。在这种模式下，当输入某些内容时，神经元网络会输出固定对应的内容。反复学习一些所谓的套路以后，神经元网络便能按照人类的教导，成为无须编程的自主学习机器。

人工智能的优越之处在于，它能够对原本不存在于学习模式中的新事件做出相应的反应。

我们知道，人工智能在学习了 N 个事件后，便能够按照所学完美应对这 N 个已知的事件。但是，如果在遇到第 N+1、第 N+2 个新情况时，它也能轻松应对，这才算是了不起。

能做到这一步，其实已与人类无异。

只要是人工智能已经学会的事物，它就一定能轻松应付。要是在学校里，这绝对是一名能让老师交口称赞的尖子生。毕竟，不论什么问题，人工智能给出的一定都是早已确定的标准答案。

但是，要想走上社会，这样却完全行不通。为什么呢？因为成年人的世界没有标准答案可言。我们常常会遇到"不知道正确答案"，甚至"连问题都没有"的情况，人生的意义就在于要走他人未经之路，开拓新世界。这一点不仅适用于开展新事业，哪怕在日常工作中，全然按照"别人教的方法"解决问题也远远不够。时移世易，职场中什么状况都有可能发生；维持夫妻关系、做家务、子女教育，也都是如此。

能用别人教的东西完美解决已知情况已成为理所当然，如何应对新事件，才是对人类感性的一大考验。

活得久了，我也慢慢领悟了一些更深刻的道理，那就是：感性就是生活的全部，人生完全可以用感性一言以蔽之。

可是，做什么都手到擒来的人工智能，在感性方面却差得一塌糊涂。

失败是训练大脑的最佳方式

在学习时，如果让人工智能采用先把握要领、然后学习成功模式的方法，可以有效缩短学习时间；如果故意让其失败，给神经回路以冲击，暂时扰乱其逻辑，学习时间则会延长。然而两相对比，后者却能让人工智能应对新事物的能力显著提升。

　　神经元网络是模拟人脑而成的，当然也会模拟人类的思维模式，以期在行事中表现得更加自然。人类在学习过程中同样不应当逃避失败，甚至要敞开怀抱去迎接失败。

　　我们的大脑在失败后会感到痛苦，夜间睡眠时，导致失败的相关脑回路的激活阈值（引发激活的最小值）会提高，令该回路中的神经信号传递变得不再顺畅。

　　神经信号不会向没用的方向传递。事实上，这是大脑最重要的一个特质。我们的大脑中包含着无数条神经回路，如果神经信号杂乱无章地在所有回路中徘徊，只会导致瞬时判断失灵。

　　为了成功判断出眼前飘过的黑影是猫，神经信号只会激活识别猫的脑回路；如果这时信号也激活了识别牛或老鼠的回路，我们就分辨不出眼前的黑影究竟是什么了，便只能呆立原地、动弹不得。

　　只有瞬间选出需要使用的脑回路，我们才能做出正确的直觉性判断——这也就是人们常说的灵感和第六感。而为了选择正确的回路，就必须清楚哪些是"当下用不着"的回路。因此，失败带来的痛苦体验对我们来说必不可少。

感性很好，第六感很灵，想象力丰富，发散能力强……这些能力不可能通过书本和成功案例学到，唯有亲身品尝过失败的滋味，了解失败带来的究竟是怎样一种感觉，大脑才能区分出"信号传递不畅的区域"，这样一来，"信号传递顺畅的区域"就能更加活跃，我们也就可以顺利掌握上述能力。

不管那些感性强大的人向我们传授了多少成功案例，也只不过都是套路。唯有通过痛定思痛，才能为信号在大脑中开辟出正确的"瞬时传递之路"。

——失败，反思，再出发。对人脑来说，再没有比这个流程更好的锻炼方法了。我也是在年近三十的时候才终于悟出了这个道理。

从那以后，我便不再反感失败带来的痛苦了。

为了获取失败，必须勇于挑战。既然如此，就大胆地去向那些新鲜事物和困难的高峰前进吧。

这并不是"无惧失败，勇于挑战"，而是"为了失败而挑战"。因此，如果挑战成功，挑战本身也就失去了意义，这样的成功反而会让人感到有点遗憾。

信念感比赞赏更让人愉悦

或许有的读者会认为，既然我在生活中一直这样勇于迎接挑战，一定已经拥有数不胜数的资质、辉煌纪录和赞赏了。然而要让大家失望了，我身上并没有什么值得称道的东西。

我所做的仅仅是追随自己的好奇心，不断打开新世界的大门——这就是我所理解的挑战。在这些挑战中，我并未获得任何资质或头衔，也从没有拿到过什么厉害的奖项。诚然，那些凭借好奇心的指引获得成绩、最终登上名誉殿堂的人是相当优秀的；但遗憾的是，我的好奇心并没有为我带来这些光环。

但我确实解开了世上的一些谜团：发现大脑的"男女之谜"；完成对语感的量化。我成功地敲开了这片无人涉足领域的大门，并为自己能在这一领域站稳脚跟感到非常荣幸。尽管随时有可能落入失败的旋涡，但这里毕竟是一片曾经无人踏足的仙境。

我所追求的并非什么厉害的成绩，仅仅是感性而已——那是一种在面临意想不到的状况时仍能获得合理答案的力量。一颗感性丰富的大脑将在解决问题时不再轻易彷徨。

至于最终大脑所得出的解决方案是否能被所有人认同，其实无须挂怀。因为找到答案所获得的"信念感"比来自他人的"赞赏"更让人愉悦。不再彷徨，不再怀疑，不再一意孤行，不再在意他人的目光……这样的生活方式所带来的快乐，比任何财富或赞赏都值得。

我希望我的儿子也能拥有这样的信念感。

没有信念感，人就会因为渴求来自他人的认同或赞赏，最终活在"他人的期待"之下；如此，一个人将永远无法感知"信念"，从而更加执着于寻求他人的认可，落入内心虚无的地狱。

而为了获取这样的"信念"，就必须反复品尝和积累失败的经验，大脑正是通过这一过程得到锻炼的。因此，逃避、恐惧甚至责备所谓的"失败"，这种育儿方式着实是不可取的。

如何正确地失败

现在，让我们再度回顾伊藤佳子那句"过分纠结成绩的父母养不出一流的小孩"。

如果父母害怕失败，孩子便会逐渐恐惧失败；如果父母因孩子的成功而表现得过于激动，这种行为带来的精神压力也会让孩子更惧怕失败。这两种极端情况都是需要避免的。

不单是高尔夫，在任何需要战略性思维的领域，相比于成功，我们都能从失败的结果中学到更多。然而，惧怕失败只会让得来不易的失败带给一个人打击，而非继续钻研的热情，最终逐渐使得大脑停止运转。差距正是在这种结果的累积中不断被拉大的。

不要害怕失败，但也不要对失败过于麻木。如果从失败中感受不到任何痛苦，就代表大脑根本没有意识到这是失败，也就无法成功转换为正确的脑回路。

接下来，我想为大家介绍一下失败的正确方法。

1. 无惧失败，勇于挑战；

2. 痛快地承认失败的事实，认真感受失败带来的痛苦；

3. 坚信"睡一觉头脑就会变得清醒"，心无杂念地去睡觉，明天又是新的一天。

这就是最能激活大脑的失败之法。

这里说的"头脑清醒"，指的是主管认知的感性，如成绩、运动、人际交流乃至商业思维等得到提升。

也许在旁人看来，做好万全准备，迎接没什么难度的挑战，并最终收获相当程度的成果，才是更为睿智的做法。但此举非但无法提升战略眼光和感性，还会令人生的道路越走越窄。

尤其是这个"万全准备"，如果自有一套标准也就罢了，但若仅仅按照他人口中的标准行事，带给大脑的刺激会少很多，也就失去了提升感性的宝贵机会。

◆　◆　◆

话虽如此，对于关乎人命的工作或是各领域专家所从事的工作，还是尽量不要失败为好。因此，人还是得在孩童时代就多去体验失败。

如果想在成年之后再增加失败的体验，建议大家多去自己的兴趣爱好领域进行挑战。我们完全可以在自己的兴趣爱好上大胆尝试，多次感受失败的滋味。毕竟，在维持个人生计的工作中翻车不太好，而如果是需要自己负担成本的活动，不就自由多了吗？

我认为，兴趣爱好说白了就是"花钱找失败"，因此常常怀着"目标可以定高些，但要对结果一笑置之"的想法，从不在意他人的目光。过去的 42 年间，我一直在跳交谊舞，从来不曾在跳舞的过程中败兴而归。哪怕一个简单的右旋舞步（只需迈两步的基础舞步）过了一个小时还学不会，我也不会因此而心情不好。

"目标可以定高些，但要对结果一笑置之"这句话，适用于人生的任何一个场景。以商业活动为例，如果遵循了这个原则，商业计划便基本都能顺利推进，业绩将更上一层楼。当然，这里所说的"顺利推进"并不会立刻发生，我们还是需要在不断积累失败经验的过程中，用心把握自己是在哪里失败的，为什么会失败。如此不知不觉间，事业便能收获更多成果——大脑正是在反思中成长的。

反之，"目标定得模棱两可，却对成绩耿耿于怀"，即一边对失败避之不及，一边纠结于成绩的好坏，这样的态度无法令大脑的感性进一步发展，最终只是让人在同一水平线上来回兜圈子、永无进境罢了。

不是自己的错更要揽下来

从这种意义上来说，我们非但不该惧怕失败，相反还应该拥抱失败。

但是，想要有效利用失败来刺激大脑发展，还需要掌握三个要领。

第一，不要将失败怪罪到任何一个人头上。

"是那个家伙的问题""这个社会不行""我的运气不好"……遇事不顺就把过错甩给别人，大脑会逐渐变得无法识别"应该从中吸收经验教训"的失败，难得的失败经验就这样被浪费了，实属暴殄天物。

　　为了促进大脑发展与感性的提升，希望读者们都能彻底摆脱受害者思维。

　　我常对年轻人说："看到别人犯错，同样要积极地吸取教训。"即便这件事完完全全是当事人自己的问题，也要反思自己在其中是否有可以努力的地方，将他人的失败经验转变为促进自身大脑感性提升的养分。

　　"要是我能早点意识到问题就好了""如果我能早点帮忙说句话该多好"……如果我们能用语言表达出这样的反思，和当事人的失败之苦感同身受，不但可以提升自己的感性，还会获得很多其他益处。

　　这样的话语可谓是"最有效的安慰方式"，在生活中的很多场景中都适用。例如，夏日清晨，听到妻子感叹"啊，怎么没有冰块呢"，记得及时来一句"我要是早点注意到就好了"；模拟考试当天早上，看到因为找不到准考证而慌乱的孩子，不像平常人家那样对孩子横眉怒目训斥"我不是早就说过让你前一天就准备好吗"，而是代之以一句"昨晚妈妈跟你一起检查一下就好了"，和孩子找不到东西的懊恼达成共情，效果会更好。

　　抚慰家人受挫后的心灵，用失败的体验去激活大脑，就能够与家人共同成长。能相互交流、诉说内心感受的家庭无疑是富足的，这些话语中带有增强家庭凝聚力的神奇力量。只要有一个人愿意讲出这样的话，无须强制要求，周围的人也会慢慢开始用这样的方式交流。如果父母采取这样的说话方式，最终孩子也会成为其中一员；同样的情况也会发生在上下级之间。只要你愿意迈出第一步，之后的事情就会水到渠成。

　　无论在家里还是在工作中，运用上述交流方式的人身边都会聚集起类似的一拨人，这样的生活无疑将是非常舒心、顺畅的。

◆　◆　◆

　　"不是自己的错更要揽下来。"

　　事实上，一开始我是把这句话作为"处世法则"来看待的。

　　它常常出现在这样的人口中：他们往往享有领导充分的信任、属下十足的尊敬、顾客极高的满意度。这也让我意识到了这句话的重要性。

举例来说，明明自己出具的订货说明书信息全部正确，结果还是收到了错误的货品，这种时刻就会有人表示："早知道应该避开业务繁忙的时间段的。""是我订购的产品型号太容易和其他东西搞混了，我应该加上产品名称的。"诸如此类。又比如，明明已经向对方通知了会议时间，到点了人家还是没有出现，这时总会有人道歉："知道您业务繁忙，昨天应该再通知您一遍，是我不好，没有注意到这一点。"

换作普通人，可能会满口怨言："我的订货单上写的明明是对的！""这人到底有没有仔细看通知邮件啊？"但同样的场景下，有些人则会把这些小错误都揽到自己身上。

能给出这种反应的人，大脑中的责任范围都很广。

"我明明是正常下单的，所以收到错误货品都是卖家的问题。"——之所以会这么责备对方，是因为在心里认定，自己的职责范围只到"发货完成"为止。

但对于能反思"是不是我有哪里做的还不到位"的人来说，他们的职责范围要一直延伸到"收货完成"。在这种情况下，反思自己的不足就是一种非常自然的反应了。

而在周围人看来，这就是一种"领导者气质"。那些会向对方道歉说"我再提醒一下就好了"的人，在听者的潜意识中就是一副"掌控全局"的形象，自然而然就能立于领导全场的地位。

在家中也是如此。有的父母会一边看着孩子出丑，一边手舞足蹈地嘲讽："看吧，我早就说过了。"也有父母会安慰孩子："抱歉，昨晚陪你一起检查就好了。"这两种父母哪一种更受敬重，高下立判。前者将孩子当作敌人，后者对孩子来说则是能为自己把控局势之人，自然而然可以将孩子纳入管辖范围，让孩子服服帖帖。

现在的失败会转化为未来的感性。"不是自己的错更要揽下来"，将周围人的信赖聚于己身，这句话可以说是名副其实的处世法则之一了。你对别人的善意，最后都会成全自己。大家大可以亲身验证这一点。

不要对曾经的过失耿耿于怀

利用失败有效激活大脑的第二个要领是，不要对曾经的过失耿耿于怀。

如前所述，一旦经历了失败，当天晚上，大脑内那些导致失败的脑回路的激活阈值便会提高，神经信号的传递会变得不再顺畅。如此一来，今后我们便会倾向于不去选择这条脑回路，也就不会再犯同样的错误。

但是，如果一个人始终纠结于过去所犯的错误，只会让好不容易沉寂下去的"失败脑回路"再次苏醒，之后再做任何事前都会想起曾经的失误，失败的概率也就更容易提升。

有一次，我听到电视上的节目主持人分享亲身经历："有那么几个人名，我每次一定会念错，所以叫这些名字的嘉宾出场时，我总会在脑中循环播放'千万别像之前那样念错'的念头来提醒自己。但是没用啊，只要这么想了，必然还会再错。现在我学聪明了，尽量克制自己不要去想以前是怎么念错的，而是聚精会神去读台本，争取让自己念对。"

有时，反复回忆失败的经历，让大脑反复体验那种痛苦，确实能让错误脑回路的激活阈值不断提高，但如果对过去的失误太过耿耿于怀，却反而会带来反效果，尤其是在做类似的事情之前，就更不能如此了。

不要唱衰未来

现在我们都明白了，过分执着于过去的失误是完全没必要的；而对于尚未发生、远在未来的失误，也不必过于悲观。

有些对子女教育很上心的父母，总会把这样的话挂在嘴边："你看看你，上次和这次都搞砸了，下次可要当心，别再犯错了！"很遗憾，如果听到这样的话，恐怕下一次你的孩子仍旧会犯同样的错误，因为不断刺激引发失败的脑回路，只会让失败重现。如果从旁指点的人自己害怕失败，就永远无法培养出优秀的人才。

下面，我们来总结一下目前为止讲到的让失败激活大脑的三种方法。

1. 不是自己的错更要揽下来；

2. 不要对曾经的过失耿耿于怀；

3. 不要唱衰未来。

诚然，我们需要尽力避免在正式场合或工作中发生失误，但在家庭中也像对待所谓的正式场合一样，却是毫无必要的。家，是允许犯错的地方，也是能最大限度激活大脑的场所。

当然，家庭能够承载的不光是过错。

在外做事要雷厉风行，在家里则可以犯点懒。如果在家里也要强行做个好孩子、好丈夫、好妻子，走出家门还得继续努力打拼，人就彻底失去了可以放松身心的环境。人脑中积攒的压力需要得到释放，这种累积和释放也需要掌握一定的节奏。

理想的教育心态

所谓天下父母心，从孩子学会走路开始就担心他们摔跤，这一点古往今来一以贯之。如今的父母从孩子1岁起就送他们去上英语班，只是为了将来不在英语这一项上落于人后；读小学前便将孩子塞进游泳班、书法班、数学班，好像不上这些课心里就过不去一样。如果孩子在上这些课外班时觉得开心也就罢了，但当沉甸甸的父爱和母爱成了孩子的精神负担时，做父母的是不是应该放慢脚步，停下来好好思考一下呢？

孩子应该在学校里学到的知识，就让他们去学校里学。学校并不是让孩子显摆自己已经学会了多少知识的地方，而应该是放手让孩子去邂逅自己尚未了解的知识的美丽新世界。如果在学校里只是确认了那些自己已经学会的内容，课堂该是多么无趣的地方啊！

多年前，市面上曾出现过一款专为幼儿打造的号称"打翻也不会洒"的杯子。看到这样的产品问世，我瞬间心头一梗：如今的社会已经连孩子打翻牛奶这样的小错都无法容忍了吗？难怪，不论是养孩子的一方（父母）还是被养育的一方（孩子），都生活得如此辛苦……

做父母的，首先必须跳出唯结果论的桎梏。要做到不以物喜，不以己悲。如果孩子身心受挫，就和他站在一起共同分担痛苦；如果孩子获得成功，就及时与他分享喜悦。即便失败，也不要忘记对孩子说："刚刚用的那招就很不错啊！""你到最后都没有放弃，真是好样的！"

棋手藤井聪太曾说过："将棋的世界里有赢就有输，患得患失毫无必要。"这正是养育子女所必须具备的心态。

　　成年人自身必须具备一定程度的挫折耐受力。在看到一同走过人生旅途的伴侣遭遇失误时，只有及时上前，给予陪伴和安慰，家才能成为一个温馨的港湾。不要一味指责他人之过，更不要威胁对方下次不得再犯，例如斥责对方："还打什么工，家里的活儿都干不好。"长此以往，家人一定能够携手共进，创造出更美好的生活。

唯有生活习惯不能纵容

尽管刚刚说了很多要大家宠爱家人的事例，但唯有一件事绝对不能纵容。

对于生活习惯，必须有一定的约束标准。特别是在"吃"上，如果放任自流，人就会整个垮掉。

吃得饱才能长得高

青春期女孩会采用一些手段来控制热量的摄入。对此，家长务必要当心，千万不能让孩子在这方面太过随心所欲。

女生在初潮前都会蹿个子，生理期之后，成长速度则渐渐放缓。

在初潮前和生理期后这两个时间点，女孩体内制造骨骼、肌肉、皮肤、血液的原材料——动物蛋白、铁元素、各类维生素等物质都会告急。就像做章鱼烧需要面粉和章鱼肉块一样，上述这些物质对塑造身体都是不可或缺的，但年轻女孩总是会在饮食中忘掉这一点。

女孩子总会觉得，如果饮食习惯能保持得和"成熟的模特"一样，就能变得跟她们一样苗条。为此，她们也只吃青菜、喝酸奶，每天只喝一升水。但女孩哪里明白，这些食谱都是在身高长到170厘米、肌肉和脂肪都锻炼得恰到好处的情况下才适用的啊！

小学高年级学生的营养不良通常会导致身高发育出现障碍，青春期营养不良则有可能导致子宫、卵巢无法发育成熟，并最终引发不孕不育、激素紊乱等病症，造成一辈子的遗憾。

男生身高发育的时间会比女生更久一些，在大约14岁之后还有增长的空间。不管怎么说，最重要的还是饮食上要以肉食为主。男性与女性不同，在"吃"上更加放得开，食欲旺盛起来就能吃得饱饱的，倒不用担心营养不良的问题。

但是，仍有一点需要特别注意：熬夜玩手机。

在夜间用手机蓝光刺激视网膜，会阻碍生长激素和性激素的分泌。要想拥有足够的身高和"男子气概"，就必须保证在青春期维持充足且高质量的睡眠。为此，晚上 12 点左右就不要让你的儿子再玩手机、打游戏了。

男性能从 160 厘米蹿到 180 厘米的时间只有那么短短一两年，所谓的"男子气概"也是在此期间养成的。然而，这段时间同样也是男孩容易沉迷于电子游戏和社交网络的时期。

生活习惯上的随心所欲，只会让孩子在长大成人之后追悔莫及。

血糖：性格的晴雨表

甜食的摄取更需要加倍注意。

空腹时突然摄入过多糖分，会导致血糖值飙升。身体为了让狂飙的血糖降下来，会相应分泌过多的胰岛素，从而造成低血糖。长此以往，"空腹时过量摄入甜食"的习惯一定会引发慢性低血糖。

大脑神经信号实质上是一种电信号，电信号的传递自然需要能量。这个能量指的就是葡萄糖，也就是血糖。没有血糖，大脑就无法思考。

斗志、好奇心、注意力、想象力、耐力、记忆力……这些都来自由电信号引发的大脑活动，如果患有低血糖，这些活动将会受阻，成绩、性格都会越来越差。血糖值的紊乱只会让人生陷入恶性循环。

尤其重要的是早餐，它是人体在最饥饿的状态下摄取的第一餐，更要格外注意。

蓬松柔软的白面包、糖果、甜度极高的水果等，都会使血糖值上涨。如果早上总是吃烤薄饼、夹心面包、果酱吐司等食物，不知不觉间就会患上低血糖。

当然，有些人因为体质原因，早上一直吃甜口早餐，倒也未尝不可。但如果伴随着大量甜口早餐，发现孩子出现成绩难以提高、脾气日趋暴躁等症状的话，就要格外注意了。

餐桌与离婚

有人曾在咨询中向我倾诉，自己的丈夫性格太差，真想离婚。对此，我的建议是：不如先观察一下家里的饮食习惯，两个月之后再做决定。

在此期间，维持健康的饮食，具体来说是做到以下几点：早上好好准备早饭；用心准备丈夫的午餐和加班时吃的简餐；避免空腹时突然摄入大量糖分。

认真履行了以上几点后，主妇们纷纷向我反馈，丈夫的性格逐渐变好了。

驱动大脑的运转需要各类营养，可以说，家中的主厨负责的不仅仅是每一餐饭，更掌握着全家人的人生。

◆ ◆ ◆

早睡，早起，吃早饭。

自古流传下来的健康生活习惯自有其道理。

话虽如此，也有人恪守一定的生活习惯到了令人发指的程度——这就大可不必了，钻牛角尖照样不是什么好现象。薄煎饼加冰激凌也可以成为一顿让人幸福的早饭，只不过代价是当天的头脑清晰——当然，偶尔为之并无不可，我们的身体并不会因为仅仅一天没有遵循正确的生活方式就垮掉。

家就是不讲公平的地方

不会做饭的家庭主妇

我曾经参加过一场节目的录制，结果录制现场直接变成了人生问题咨询大厅。

有位女士对我说，自己很担心娘家人。为什么呢？据当事人描述，姐姐一家和母亲同住在老家，可是姐姐到现在连饭也不会做，每顿都要母亲帮忙做好才有的吃。父亲早逝，如今母亲为姐姐做饭，也不知道能做到什么时候。自己只好苦口婆心地劝说姐姐"改邪归正"，然而无论怎么劝都无济于事。母亲现在也惯着姐姐，不让她干活儿，真是急死人了。当事人实在无计可施，于是来向我询问有没有解决的办法。

饮食不但是人生存的基础，更是一个家庭的中枢。

说起堂堂一家主妇不会做饭，当然会激起"正义"的愤慨。

然而我给出的建议却是："放手吧，别再试图纠正姐姐了。"

事实上，当事人提出的"想要给娘家带来一些改变"这个问题中，有两个要素在相互牵扯。

首先，她担心自己的姐姐和母亲；其次，看到母亲如此娇纵姐姐，她心有不甘。

对于这种复杂的家庭问题，需要找出问题点逐个击破，方能消除困扰。

第一个心结是关于姐姐的人生。其实这一点根本无须担心，生活里充满着奇妙的缘分：不会做饭的人总是有着会做饭的父母或丈夫；任性的人总有包容的家人或朋友相伴，也总能得到周围的人在一定程度上的迁就。因为一个人即使不会做饭，肯定也有其他可取之处能为他人带来益处。

对有些过着单身生活的朋友，我也曾苦口婆心地劝说他们：如果不能好好给自己做饭吃的话，还是跟会做饭的人一起生活比较好。

至于这位姐姐，既然有母亲在身边照料饮食，也就没必要苛责她不会做饭这件事了。即便有朝一日母亲无法帮忙了，丈夫也能担起这个职责；又或者她自己也可以去买现成的凑合吃一吃——当然，如果她真的神经大条到觉得这样也无所谓的话。

主动给予永远比被动接受更幸福

你觉得故事中的这位母亲很可怜吗？恰恰相反，能继续照顾女儿一家的饮食，对她来说也是生活意义的一部分。

通过互动最大限度地被激活，是大脑的成长机制之一。正是由于大脑需要帮助我们做出瞬间判断，识别出与自身产生互动的客体究竟是什么，这才形成了大脑认知功能的基本框架。

婴儿必须能够对向自己伸出手的人做出反应，否则就无法生存下来。在原始社会中，一个人身处密林时，必须能够及时察觉到密林深处潜藏着试图猎杀自己的捕食者，并迅速逃走，否则便命不久矣。而在更成熟的社会阶段，人们必须认识到存在着"能够受到自己行为的影响"之人，并与其结交，这样才能形成集体和组织。

上述反应——即感知到与自己相关的人或事物，并对此产生强烈反应，正是人类大脑最原始的本能。

因此，能让大脑的快感达到峰值的活动，莫过于对某人做出一些行为，再从这个人身上收获反应了。也就是说，从大脑的功能性来看，"给予他人好意"的人永远比"接受他人好意"的人更幸福。这类人通常拥有强烈的满足感，大脑也得到了充分激活，在发育时期头脑会比其他人灵光，成年后也鲜少出现脑子糊涂的现象。

对我们来说，生活中那些"没我不行"的存在就是世界上最美好的存在，所以不论是小宝宝还是可爱的小猫咪，总能把人迷得神魂颠倒，欲罢不能。

对于前文提到的那位母亲来说，尽管"女儿靠着吃自己做的饭才能活下去"这一认知会让她满腹牢骚，但这件事对她的大脑来说却是非常愉悦的，而且还能促进大脑健康。

这种双赢的关系，又岂容他人插手呢？

家人之间，莫谈"正义"

如此劝解，想必仍然不能使当事人信服，因为我们还有第二个心结需要解开。

当事人的心中，仍旧对"放荡不羁的姐姐 + 纵容姐姐的母亲"这样的组合耿耿于怀，想必是因为她本人是一个心中极富正义感、懂得认真生活且秉性纯良的人吧。这样的现状一定会刺伤她这样的人。

事已至此，解决办法就只有和原生家庭保持距离了。

为什么这么说呢？很简单，家人之间的牵绊本来就不是靠普适原则构建起来的。

一家子兄弟姐妹中，总有听话和不听话的孩子，然而出乎意料的是，母亲往往会偏向后者。在一个家庭里，母亲偏袒不听话的孩子，反而让乖孩子忍让的情况并不少见。

这只是因为这样做更省事罢了。世间万物都遵循着一个不成文的规则，那就是无论做什么，都要尽量让风险降到最低。大脑自然也不能免俗。与其让个性很强的孩子听话，不如让原本就乖的孩子更乖，这样更节省精力；与其把事情交给不靠谱的孩子，不如让能干的孩子去做，这样更保险。

所以，大脑在面临上述抉择时，瞬间就能做出判断。此外，加上"主动产生互动的对象更值得被疼惜"这条大脑特质，自然而然就会产生"不能干的孩子更可爱"的印象。

当然，父母都会一厢情愿地认为自己是公平的，事实却并非如此。令人难过又矛盾的是，经常会出现好孩子反而被训斥的情况。

如果兄弟姐妹中有那种"不听话的孩子"，乖孩子的生活可太难了。即便想要改变现状，和家人讲讲道理，最终也只会让日子更难过。毕竟，亲情本就没有道理或公平可言。

看到这里，如果读者当中也有谁抽到了类似的下下签，我只能为你从心底里感到难过。遗憾的是，并没有什么办法可以很好地解决这种矛盾，唯有和家人保持一定距离，不要回头，过好自己的人生。

◆ ◆ ◆

在刚刚的人生问题咨询中，不会做饭的姐姐当然理应被指责，年迈的母亲也应当从无尽的家务琐事中挣脱出来——这都是非常正常的想法，也就是所谓的"正义"，普适的道理。

但有时，这种道理却会成为刺伤家人的利刃。"我是为你好"这样的陈词滥调曾经伤害了多少家人之间的感情啊！

家人之间的缘分和"正义"，本就不能混为一谈，因此胸怀"正义"的家庭成员还是应该眼不见为净，和家人适当保持一些距离比较好。如果认为只有自己所秉持的道理才是正确的，最终便会用这把名为"正义"的利刃对家人造成伤害。苦口婆心地劝说，对方却压根儿听不进去，甚至唠叨半天之后，人家的感情还是那么好，你说气人不气人？

"爱"到底是什么

有弱点，更可爱

人的表层意识会被某人的优点吸引，然而潜意识却会不自觉地怜爱对方的弱点。当怜爱逐渐超越了吸引力时，也就是单纯的迷恋转化为真爱了。

所以，要想吸引并拴住心仪的对象，表现自己的长处固然重要，但展现自己脆弱的一面反而更有利于达成目的。

高大、帅气、有责任心、温柔，集这些特质于一身的完美男人竟然有时候也会反应慢半拍？还有在人前一丝不苟、精英气场全开，只有在你面前才稍稍流露出的不修边幅……相信大家都懂得这些小特点究竟多有魅力吧！

难以置信吗？那就看看 2020 年凭一己之力掀起第三次韩流的剧集《爱的迫降》吧。玄彬饰演的男主角李正赫正是上述这种完美无缺的男子，但即便是这样的角色，也会偶尔遭逢小挫折，比如每次女主角夸赞其部下帅气时，我们就能看到男女主角为此发生小争执，而后男主角吃瘪的桥段。

每当男主角被女主角的话噎住时，那一瞬间的微表情都非常可爱，我常常特意将进度条拖回去反复观看。喜欢看《爱的迫降》这部剧的女同胞们一定会懂我的心情。

◆ ◆ ◆

曾经有一位西方的认知心理学家在闲谈中提到了一件趣事。她说：

"我家里有三个男人——丈夫和两个儿子。曾经有一段时间，我实在无法忍受这样的生活了，决意和丈夫离婚，离开这个家。可就在下定决心的那一瞬间，脑海中突然闪过一个念头：如果我不在，家里的三个男人找不到东西可怎么办？想来想去，实在放心不下，最后还是放弃了离开他们的想法。毕竟只要在家一天，我的耳中便充斥着他们因为找不到东西而发出的疑问。如果我不在，这个家岂不是要垮了……这么想着，我也就离不开了。"

说着，她不禁莞尔。之所以打消离婚的念头，不是因为回想起丈夫有多么优秀，或夫妻之间有哪些美好回忆，竟然是因为三个大男人作为生活白痴的一面。

◆ ◆ ◆

人，有时候就是这么奇妙。

即便正在和一位魅力非凡的人一起吃饭，只要家里那位灯泡都不会换的爱人一条信息发来："救命！卫生间的灯不亮了！"你便会心神不宁，一心只想快些回家处理。难道不是这样吗？

在一段恋爱关系中，一个人快要变心的时候，什么样的念头会阻止他呢？恐怕不是"女朋友更漂亮"，而是想到她还有很多事需要自己帮忙，缺了自己根本不行，心生怜悯才收回劈腿的念头吧。

多年前的电视剧中经常会刻画两男一女的三角恋情。女主角最后选择的通常不会是那个帅气的男二，而是内心温柔却一身缺点的男主角。这种时候，剧里剧外都会问出"为什么要这么选择"的问题，而女主角则会回答："你没有我，也能活得很好；

但他没有我，就会失去全世界。"

当时还是小学生的我对这句话百思不得其解，成年后却忽然明白了这种台词想表达什么。原来，这就是"爱"的终极奥义。

◆ ◆ ◆

人生是不公平的。

任性的人更受重视，懒惰的人更被娇纵；与此同时，诚实的人却会因为微不足道的任性或懒惰而遭到指责和打压。无论是父母还是社会，都对优等生抱有期待，但越是优秀，迎面而来的阻碍也就越多。

有时不禁想指责一下他人的任性和懒惰，却又变成了别人口中的"多管闲事"，自己也会为此懊恼不已。

当然，也有办法摆脱这种怪圈，那就是：从一开始就放弃成为优等生的目标。

我本人早就意识到了这一点。准确来说，我早就知道自己无论如何都不可能成为特别优秀的人，但从某一时刻起，我开始刻意让自己不要试图变得优秀，极力避免获得诸如权威的头衔或特权等。我平时的言谈举止从来都和完美不沾边，因为一旦成了大家口中的"名人""伟人"，社会就不会再对你宽容以待了。

诚如前述，制造了人生中各种不公平的，正是大脑会对互动产生强烈反应这一特质。

我们能够从"有人离了自己就活不下去"这一认知中获得极大的快感。面对把脆弱或痛楚袒露给自己所爱之人、唯有凭借他们的力量才能存活下去的人，怎么可能说分开就分开呢？

长得漂亮、头脑灵光、身材健硕、性格温柔……迷恋一个人的理由有很多，而爱上一个人的理由，唯有那个人的弱点。

不再苛责他人

从迷恋到真爱——形成这种优质关系的基础，是一个人身上的优缺点共存。如果只有缺点，那么这个人任谁看来都会毫无可取之处；但若缺点全无，这样的人又会显得很无趣。

在看电视剧时，我们的潜意识里"更疼惜对方的缺点"这种特质表现得很明显；而一旦故事的主人公变成自己的家人，为什么就无法原谅他们有任何缺陷了呢？

很多人非常恐惧自己的弱点和缺陷，甚至无法直视、无法容忍。要想摆脱这种束缚，第一步便是尝试着与他人达成和解。能容忍、谅解他人的人，自然也会没有心理负担地坚信，别人同样会原谅自己，从而得以活出更自在的人生。

不苛责他人的失败，也就不会害怕自己的失败。让我们拿出勇气，先宽恕一个让人怒不可遏的失败吧。

试着拿出一周的时间，在这段时间里，无论如何都要包容亲朋好友的各种缺陷、懒惰和任性。一开始可能有点难，但你会发现，被谅解的人的反应是那样令人愉悦，他们很可能会真诚地反思自己，并反过来主动安慰你。慢慢坚持下来，这种做法一定会成为习惯。最终，我们也就逐渐能够向家人袒露自身的脆弱，和自己达成和解了。

弱点何尝不是魅力呢？把这样的想法根植于自己的观念中吧。宽恕、谅解他人，也能帮我们在自己的大脑中埋下"温柔的证据"。从与自己达成和解的那一天起，"人生是不公平的"这种感觉就会消失——因为我们打败了内心的消极情绪，完成了从被失败掌控到掌控失败的华丽转身。

用行动制造"温柔的证据"

尽管如此，还是会有人不解温柔，无论倾注多少温柔的心意，对方就是无动于衷；更有甚者，还会贪得无厌地要求更多。

我从来不会觉得这样的人可怜，白白给予同情，但也不会觉得自己付出的温柔是打水漂。

之所以这么说是因为，我认为"待人温柔"这一行为能让自己更加坚信"人是温柔的动物"。

人类的内心是温柔的。一个人如果被他人温柔以待，一定会毫不犹豫地同意这个观点。但是，如果有人不曾被他人温柔相待，就能质疑这个观点的正确性了吗？并不是这样，因为自身对他人释放温柔这个行为，更能向我们强有力地证明，人的心中绝对有温柔待人的能力。

总之，比起"别人为自己做的事"，往往是"自己为别人做的事"更能对潜意识造成影响。毕竟，自己做的事是动用了自身的神经系统来完成的。

因此，经常说别人坏话的人是无法信任他人的，因为他们总觉得别人也在暗中说着自己的不是。

社交网络的可怕之处在于，网上完全没有限制，什么都能说。匿名发表抹黑他人的言论，或许可以让人享受一时的快意，但那柄朝向他人的刀子终将转向自己。在这类行为的攻势下，自身的潜意识会逐渐枯萎，越来越无法相信自己也能够释放善意的积极信号，最终再也无法保持心地的纯粹与自在。

温柔的人则会相信，他人也是温柔的。

即便遇到不温柔的人，他们也不会恼火，因为他们知道，只要远离这样的人，自己照样可以保持良好的生活状态。"既然对方无法向我回馈同样的温柔，那么保持距离同样也是为了对方好。"——他们总能秉持这样的心态，毫不留恋地离开不温柔的人。

没错，真正温柔的人，绝不会深陷一段不温柔的人际关系，他们更倾向于与同样温柔的人结伴前行。

潮水起起落落，却始终和海岸缠绵，不会走远。温柔亦是如此，倾注给别人的，终有一天会反馈到自己身上。或许一些令人遗憾的误解和错过会导致人与人之间的关系逐渐淡薄，但在温柔之心的耐心浇灌下，它终将重新焕发生机。即便迈出第一步很艰难，但只要保持势头，加把劲儿，总能等到回报的那一刻。

但是，就像我刚刚说过的，有些人无论接收到多少温柔的言行，还是无法同等地回馈对方。这样的人际关系还是及早斩断为妙。

由于先天性格与后天成长环境的影响，这种人的脑海中从始至终并没有形成制造"温柔"的机制，即便生命中没有一丝半点的温情，他们也能活得很好，找到三观一致的人，构成独属于他们的群体。

还有一种情况是：有些人由于自尊心曾经受到伤害，或是对过去的事抱有心理阴影，所以自己的大脑中虽然存在着产生温柔的机制，却会对特定的人竖起冷漠的心墙。在这种情况下，唯有保持距离才是对彼此都好。

　　总之，如果在一段关系中，你发现自己的温柔如泥牛入海，一去不复返，那么趁早切断这样的关系才是对自己最好的行为。

　　不过，如果同样的情况发生在家人之间，我们又应当如何处理呢？

无法回避的原生家庭

家是个神奇的地方。受挫的人回到这里，能向父母倾诉自己的痛苦，收获来自他们的安慰："早知如此，该帮你一把的。"他可以和父母共同思考如何善后，入夜能有个安心睡去的地方；可以在这里认同真实的自我，和家人分享生活中的"小确幸"。这样的家庭，让人即使在成家立业后也会一直眷恋不舍，想要时不时地回去享受天伦之乐。

但假如回到家中，耳边充斥的尽是"怎么又胖了""你打算单身到什么时候""妻管严，真窝囊"之类的"问候"，在这样的环境里，再正常的人也会逐渐变得满腹牢骚、身心不适。

试想，在和家人分享幸福快乐时，只能得到诸如"就这么点东西花了这么多钱""还是小心点吧，你又不是干啥啥都行的人"这样的回应，该是怎样一种心情？这样的话会在人的心头刺出伤口，令人隐隐作痛。如此一来，还怎么能在遭遇挫折时对家人敞开心扉呢？到最后，只好选择缄口不言。

在这种家庭气氛的笼罩下，因为新冠病毒肆虐而必须隔离的人正好有了不回老家的借口，不得不说这让他们松了一口气。但如果必须在这样的气氛中居家隔离，把自己送进自己亲手建造的牢笼，岂不是成了更加让人悲伤的恶性循环了吗？有鉴于此，希望大家都能积极行动起来，打破樊笼，用自己的力量打造一个更温馨的家庭环境。

人是很难和养育自己长大的家庭环境彻底割裂开来的。中国有句古话叫"三岁看大，七岁看老"。我认为，感性的基础在 3 岁左右就已经打好，语言习惯也早在 8 岁左右便固定下来了。假如真的对原生家庭忍无可忍，实在不想回到那样的家庭环境中的话，很遗憾，你就必须狠下心来，和父母做个"了断"。

这个"了断"并不意味着从此不再照顾父母，死生不复相见，只是说需要在心里真正把他们放下神坛，不再耗费过多的心神与其纠缠。只要下定决心，不再把父母的所有话语和表情放在心里、反应过度，便不会再因为父母的随便一句叹息或伤人的话而受到伤害了。

人的内心之所以会因为父母的一句话受到刺激，究其原因，还是因为彼此都被同一套价值观统治着。一个人若仍然将世俗宣扬的标准奉为圭臬，还觉得"做人理当如何"，一旦看到父母凡事都用最高标准要求自己，因为一丁点不达标就挑三拣四，便只会徒增郁闷。但我们都知道人无完人，为了摆脱这种价值观的束缚，我们就必须将父母的评价从自己的内心深处彻底剥离。

但这种做法并不意味着要向父母横眉冷对，我们甚至可以抱着让其见识一下"自己所渴求的温柔"的心态，反过来对他们更加温和。

温柔对待蛮不讲理的家人虽然很难办到，但这样做能帮我们更好地处理与家人之间的关系。被他人温柔以待的人，慢慢地便不会再将伤人的话脱口而出了。在一段充斥着指责和反抗的亲子关系中，如果突然出现温柔的插曲，可能会让人感觉很"见外"。但保持和善的态度，事实上也是为自己披上了一层保护的铠甲。

　　我们也许无力改变原生家庭，但依然能够努力改造自己的小家。全力打造一个令家人愿意依附的家庭环境吧，让家为受伤的心灵提供避风的港湾，让我们每一天都要回的家成为世界上最温暖的巢穴。

第 3 章

对待家人的
四大法则

这两天，我有两个约好见面的朋友一直联系不上。跟我在一起忙活着的儿媳喃喃道，会不会其实在不知不觉间，世界早已毁灭，除了家里这几个人之外，根本没有人活下来。听到这番话，我笑着接道，如果世界真的毁灭了，只要你们都在，我就觉得无所谓。儿媳接下来说的话让我特别感动："可不是嘛，有我们四个人在，就什么都能扛过去。我一点也不担心。"

接着，儿媳又说："真这样的话，人类繁衍的重任岂不是落到我一个人头上了吗？咱们家只有我能生小孩啦。"

我说："想继续繁衍后代的话，至少还需要另一个家庭。既然咱们活下来了，一定也有其他存活下来的家庭，到时候我们就去世界的尽头找他们。"

儿媳说："好啊，就这么定了！"

就在这个瞬间，我深切地意识到了自己有着一群多么了不起的家人。

家无规矩，不成方圆

之所以说我的家人了不起，并不是因为每个人都出类拔萃，而是我们之间能够相互体谅、包容，每个人都能在这样的家庭环境下充分发扬自己的个性。在我家，家人可以遭遇失败，也可以停滞不前，每个人都非常理解并包容这样的情况。只要回到家里，一切就都没问题了，只要全家人在一起，无论发生什么事都没关系……

能够拥有这种难得的家庭氛围，曾经是全家的心愿。而儿媳的那句话正好向我证明，我家现在就处于这样一种状态。

尽管如此，还是不能掉以轻心。

人的进取心和欲念是无穷无尽的，想必孙子辈出生后，我就会深陷某些怪圈，成为一个爱说教的奶奶吧。

我可能会因为不想让孩子遭遇失败，把手伸得很长，为他铺好前行的路；也可能会因为想要听到别人夸一句"这孩子真优秀"，而不断地苛责于他。

所以，为了防止类似情况发生，我家立了一些规矩，专门用来包容家人。这些规矩帮助我们织就了一张家人的容错安全网。

如何应对家人的"丢三落四"

说起我和儿子的丢三落四，简直不走寻常路。

找不到的东西五花八门——眼镜、钥匙、书、衣服，甚至是肉桂粉……我们两个总是在东翻西找中度日。有时候还会遇到这样的情况：依平时习惯把某个东西放在了固定的位置，却愣是没办法在那里找到。儿媳总是教训我们："明明就在那里嘛！"我们则只好感叹："咦，好奇怪，它什么时候冒出来的？"明明一开始就仔细搜索过了，愣是没看见，简直荒唐、离谱、不可思议！

为此，必须制定一些规矩，来为我们丢三落四的毛病兜底，例如：一旦发现书或者 CD 丢了，立刻照原样买新的回来。

这是我为自己定下的规矩。有时候，怎么也找不到某张喜欢的 CD，或某本侦探小说的下册，压力便会不自觉地找上门来，不断积压，直至最终将我拖入精神涣散的泥沼中。到最后，我的饭也做不好了，只能点比萨外卖；书也写不出来了；反应也变得迟钝了，家务事和工作学习的效率都会大大降低。

这样的后果所导致的经济损失，很可能远远超出一本书的价值。既然如此，再买本新的不就好了吗？我就是意识到了这一点，才下定决心，定了这样一条规矩，以期正常的生活节奏不再受到打扰。

这条规矩还带来了其他方面的好处。重买一本 2000 日元左右的书并不算贵，但乍一听上去还是很有种一掷千金之感。想象一下，丢失的 CD 不继续找，转头就去买张新的，的确是很奢侈了。对我来说，这种日常生活中的偶发情况就和偶尔去一次高级餐厅的感觉差不多。

儿子大概也有同感。有时候，他正一边碎碎念着"哪儿都找不到"，一边忙乱地找着，看到我在旁边说"重新买个一模一样的不就好了吗"，然后爽快地按下付款按钮时，他总会一脸惊讶地表示："这样真的好吗？"但从他脸上，我确实能读出一种比收到任何礼物都更加受宠若惊的意味。

当然，他也会问："如果之后又找到了该怎么办？"我回答："那我们就把新的送给别人，相信我们喜欢的东西一定也能让其他人开心；或者卖二手也可以。不管怎样，就当是为我们喜欢的作者重新上了一次印刷税嘛。"

对于丢失了 CD 的舞蹈老师，我也同样照此法办理，直接给她重新买了一张，当时她比收到一大捧鲜花还开心。

不可思议的是，在定下这条规矩后，书、CD 之类的物品就再也没有被经常弄丢了。这条规矩定下来也有十多年了，但真正生效的场合只有那么几次，用在儿子身上的机会，一只手就数得过来。

想想看，只要花费几千日元，我就得以把心放在肚子里，继续正常的生活节奏，儿子还会觉得"我妈真是大人有大量"。这个行为的性价比简直太高了！

"我家独有的规矩"

找不到东西的时候，千万不要生气，付之一笑，马上抛在脑后，去想其他的解决办法就好。这个原则在我家不仅适用于找不到书和 CD 等小物品的情况，更是处理家庭问题的常用做法。

我丈夫曾经不止一次地教训儿子说，他这个丢三落四的坏毛病之所以存在，根本原因是用完东西不放好、做事做到一半就撒手不管等。有了丈夫承担训斥的工作，我便不必再为这一问题继续折磨儿子。我跟丈夫一个唱红脸、一个唱白脸，就这样过了 20 多年。

回头想想，我也是被这么教训着长大的，但是直到现在，丢三落四的毛病依然没能治好。当然，我也曾下苦功夫试图改正，结果不但完全没用，还为此吃了不少苦头。为什么会这么难呢？因为这是我的大脑与生俱来的特质。更何况，丢东西的人本身已经比其他人更难过了，作为家人，就不要继续在他伤口上撒盐、给他增添任何精神压力了。

我不敢说我家这样的规矩适用于所有家庭，但在每个家庭中，一定都有一套独门独派的法则。

在此建议大家，家里的规矩最好能产生让他人一听就眉头紧皱的效果，甚至可以听上去有一些离经叛道。之所以立这样的规矩更好，是因为在共享秘密的家人心中可以产生更强的凝聚力。尤其是那种"我家独一份，别人听都没听过"的家规，最能给一个家庭带来凝聚力。

拿我家举例，像是"找不到的书和 CD 就立刻去买一模一样的回来"啦，"暑假作业可以由父母帮孩子完成"啦，都是我家独有的规矩。

或许在他人看来，这些规矩简直就是无理取闹，完全上不得台面。但以我 60 年的人生经验来看，这样的规矩并没有在我家引发多大的动荡，也没有造成什么严重的后果。

母亲是位"千金大小姐"

上述规矩曾受到了这样的评价："不就是不懂得珍惜东西的败家子行为吗？"但是在我家，完全感受不到这样的担忧，我们也并没有变成一群败家子。

我儿子在读大学和研究生的 6 年间一直在校外自己租公寓住，生活费的使用习惯也保持得非常好。他甚至跟我说起卷心菜很便宜，所以这周又新发明了三种卷心菜的做法。

儿子会把用不完的生活费老老实实地上交给我，虽然跟他说过多出来的部分可以拿去干别的，但他说钱不够的时候会让我补贴的，这样更公平。

我们从没有教过儿子什么是正确的金钱观。成长于祖父母健在的双职工家庭，儿子从没在花销上吃过苦。在我的观念里，金钱观和消费观并不需要父母手把手地教导才能掌握——这些都是与生俱来的个性。

母亲曾经对我说："你和你弟弟都是我养大的，他总是从家里拿钱——说实话，我也经常这么干；可你却从来没有随便动过家里的钱。"

母亲出身商人家庭。昭和初期的时候，家中还没有收银台，营业所得全都放在店内的一个箱子里，家里人经常会从箱子里拿出一点钱买自己想买的东西——美其名曰"借"。所有人都觉得这是理所当然的。"你却不一样，从来没有随便用过里面的钱。"

母亲曾经这样跟我说。

我知道她这么说是想夸我为人诚实，但我清楚，对于金钱，我有自己要坚持的原则。

母亲经常用外祖父母的钱给自己添置东西，结婚以后，丈夫的收入自然也常常被她拿去花销。不必自己动手赚钱的母亲是一个生活非常幸福的家庭主妇。与她相反，我如果不能靠自己赚取生活费、负担开销，花起钱来就会很不安。早在读大学时，我就是通过在外兼职做家教来支付学费的——当然了，当时国立大学的学费和现在比起来便宜不少，我的负担并不像现在的孩子这么重。

我之所以会那么做，主要是因为实在没有足够的气魄去花费超出自身承受范围的金钱。说白了，我无福消受。本身在金钱方面就没有那么大的格局，所以也绝不可能成为顶尖的实业家。其实这一点我在很年轻时就已经意识到了。从记事起，我就意识到了自己和母亲之间的差距：母亲身上有种千金大小姐的气质，而我却更像是个丫鬟。

继承了日本舞蹈大家之学的母亲有着极为出色的审美，取用之物皆非凡品。这一点，看看她那套加贺友禅和服上的腰带便可知晓，那可是一条用花瓣印染出纵横交错的花纹、编入铂金丝线的带子。

此外，她还收藏了许多国宝级大师制作的和服，那些藏品都是堪称世间仅此一件的珍品。对于这些我知之甚少，却也稀里糊涂地全部继承了下来。直到有一次穿着和服去银座的时候，被银座的酒吧老板娘慧眼识珠，盛赞和服审美品位之高、收藏之稀有，我才知道了这些收藏的价值。

母亲也是一个对日本传统的奢华生活方式有着深刻见解的人。我出嫁后，她曾送我一身丧服，那丧服的腰带居然是定制的，上面还有家族纹章的刺绣。

母亲还曾经自己做包，甚至将其中一些出售给了其他人。我继承了母亲所有的包，这些包和名牌包放在一起毫不逊色。一些通常使用在非常显眼部位的皮革被母亲大胆地用在了包的侧面甚至底部。

母亲的作品中不乏精致的鳄鱼纹皮包和美丽的穿山甲式几何纹皮包，我背着这些包出门时经常被人问到是在哪儿买的。面对

这些问题，我一直回答是妈妈留给我的，对方接着问："令堂叫
什么名字？"每当听到这样的问句时，我只是笑笑，却不接话：
又不是闻名于世的手艺人，就算报上名字，又有谁会认得呢？作
为一个乡下老师的妻子，却常常被人问到这种问题，可见母亲的
手艺之高超。我对此佩服得五体投地。

尽管母亲花起钱来毫不手软，但绝对称不上败家。她从不进
行重复购物，保养物件也相当有一手。母亲用过的包，品相比新
品还好——刚开始使用的皮包是需要特别爱护的，所以母亲的一
些朋友甚至会把新买来的包寄存在她这里，让她先用上一阵。

比起买新东西，我还是更喜欢从母亲那里继承下来的和服和
包。人的大脑真是不可思议，能够清清楚楚地感受到一个人在这
些物件上耗费的心意、时间和精力。

我是无论如何都摆脱不了身上的这种丫鬟气质了，既不会给
自己添置昂贵的用品，手边的包也会以极快的速度磨损，更重要
的是，我根本没有那种过奢侈生活的意识。所以，母亲的气质对
我来说尤为宝贵。

或许有人会因为我描述母亲"大手大脚地花父母的钱"，而

认为她是个败家子，在我看来却并非如此。母亲其实是在用这种精致的生活方式向我们展示着她眼中的美好世界。母亲活得精致且潇洒，父亲也在她的影响下受到鼓舞，更加辛勤地工作，为心爱的妻子和她热爱的生活添砖加瓦。

当然，我也从中获益匪浅。由于自身并不具备这样的品位和气质，我可以选择通过模仿母亲来为自己配备相当程度的审美，至少在身处高阶审美人群当中时，这一点能让我保持悠然自得，不至于手足无措。

家就是五花八门气质的集合体

不管是大手大脚还是丢三落四，属于家人的各种天资和特征都理应在家中保有一席之地。

我们发现，男女双方之所以会被对方吸引，恰恰是因为对方拥有与自己完全不同的特征。而家庭，正是五花八门的天资和气质的集合体。

家中某人花钱大手大脚的习惯，往往能够为另一些朴素节约的家人带来全新的生活体验，让他们享受更富裕的日子；在外工作赚钱的一方可能有丢三落四的坏毛病，但总会有个在家料理家事的人完美地补齐这块短板，找回各种丢失的东西，给漫无目的的搜寻画上句号。

正是通过将自身五花八门的性格特征组合起来，家人们才能最终拼成一个完整的圆，成为一支携手走过人生的队伍。

要想让这些不同性格特征的人和谐共处、减少摩擦，多少需要在生活中定下一些规矩。在这里，我想推荐一些比较普适的规则供大家参考。

法则一：不要把"世俗"的评价标准带进家门

上文所述的我母亲的那些做法，有些人可能会觉得纯属浪费，有些人却觉得这样能给生活增添一些华丽的点缀。有时候，适当改变或颠覆对事物原有的看法，就能让生活变得更加轻松愉快。

把这样的颠覆变成一种思维习惯是很有益处的。不仅是亲子之间，如果对于生命中发生的所有事情，都能做到换个角度思考，甚至能为商业谈判和消费生活等都带来裨益。

皇帝真的没穿衣服吗

有一篇安徒生童话叫《皇帝的新衣》。在故事里，骗子为皇帝缝制了一件新衣，所用布料华丽非凡，但只有聪明人才能看得见。尽管皇帝根本看不见这件衣服，最终却还是装作能看见的样子将它穿在身上，在王国内举行了盛大的游行。

在围观群众当中，也根本没有人能看到皇帝穿的衣服，不论怎么看，皇帝都是裸体。所有人都因为惧怕皇帝的威严而不敢将真相宣之于口，只有一个单纯天真的孩子惊讶道："皇帝怎么不穿衣服呀？"这才导致骗子的骗局败露。

我曾经和当时还在念高中的儿子讨论过这个故事。我说，故事里说那个皇帝根本没穿衣服，但事实上他真的没穿吗？说不定那布料真的只有聪明人才能看见，全国人民都不够聪明，所以才都看不见。儿子说，如果真是这样的话，那么皇帝才是整个故事里最蠢的人：身为当政者，他甚至不知道自己的子民有多愚蠢，实在愧为皇帝。

确实如此——我表示赞同，儿子接着说：

"如果这个故事的结尾是，说破皇帝没穿衣服的孩子在把真相说出口的瞬间，突然看到了皇帝身上的衣服，那才叫精彩呢。"

勇敢指出当政者的愚蠢的孩子，最终因为正义的举动而被归入"聪明人"之列，从而得以看见那件只有聪明人才能看到的衣服，这样的情节如果拍成影视剧，可以说是颠覆以往世界观之作。再进一步想，如果皇帝从一开始就知道这件事，只是为了从民间发掘贤人为己效力，才采取了这种方式的话……越往下想，故事的展开便越神奇。

我不禁为儿子的发散思维能力而赞叹。我们俩平时便经常凑在一起，用一种颠覆传统的视角去观察、探讨传统的事物。尽管这个游戏坚持玩了很多年，但是在那一刻，我才真正从他身上感受到一种压倒性的优势，就像是本来在手把手教孩子下棋，突然在某一瞬间，却发现孩子的棋艺已经远远超过了自己。

◆ ◆ ◆

大家也可以在家里试着和孩子展开这种非传统视角的对话，这对培养孩子的想象力相当有效。

举个例子，我曾经非常讨厌一篇名为《蚂蚁与蟋蟀》的寓言故事。

炎热的夏天，辛勤的蚂蚁头顶烈日，勤勤恳恳地工作，一旁的蟋蟀则欢乐地唱着歌。寒冬来临，蟋蟀没有食物、无家可归，只好请求蚂蚁的施舍，蚂蚁回答："既然该劳动的时候不劳动，就要承担后果。"说着便将蟋蟀拒之门外，见死不救。

这实在是一则看了让人心生不悦的寓言。给儿子读这个故事时，我气愤地表示："蚂蚁可真是的，还不是因为有了蟋蟀歌声的陪伴，才能心情舒畅地劳动吗？它就这么不知感恩吗？真是没品……蟋蟀也是傻，竟然都想不到用这种看不见的价值来换取救助。这样的故事能对人生起到什么作用啊？"

年幼的儿子冷静地说："这不就是在告诉我们，不努力工作就没饭吃吗？连幼儿园老师都是这么教我们的。"

"所以说，用一些死规定来给工作和劳动下定义是有失公允的嘛。蟋蟀的工作，不就是唱歌吗？"

——这就是我们之间对话的常态。

耿直和纯粹是最强大的特质

只不过，在调动这种不按套路出牌的逻辑时，也要注意方式方法。

"那人只会耍嘴皮子罢了，谁知道做起事来什么样……""这
怎么能行？你也不好好想想……"我们应尽量注意防止家中，甚
至是生活中出现这类阴阳怪气的挖苦和刁难。

阴阳怪气和低声下气总是相伴相生的，因为人们会倾向于认
为"自己做的事，别人也肯定会做"，对别人阴阳怪气的人，总
是难免抱着"别人也会这样对我"的想法。

如果因为一点小事就对他人冷嘲热讽，这个社会就变成了人
间地狱，没人能在其中纯粹地活着。在重要发言前，会莫名其妙
地开始紧张；无法敞开心扉，不敢握住向自己伸出的双手……这
将导致我们错失多少良机啊！

人要活得纯粹。

早些年我在公司里工作时，曾担任开发团队的领导，那时候
发生了这样一件事。有一名部下总是无法同我和睦相处，跟他沟
通起来相当困难。由于我们是负责感性研究的团队，碰上这种在
感性层面水火不容的同事，相处起来别提有多费劲了。为此，我

十分希望这个人能自愿转去其他岗位，于是平日里对他言辞严厉，不大留情面。

有一天，我加班到很晚，回过神来才发现整个楼层只剩下我和这名同事了。于是，我们二人只好同乘一部电梯下楼。从 21 楼下到 1 楼的短短一段时间里，他像是突然反应过来似的对我说："感谢您一直对我高标准严要求。您教会了我很多东西。"

我顿时有些眼眶发热，连忙低下了头。从那以后，我便一直很欣赏他的纯粹和直言不讳，对他的反感也烟消云散。后来，我深觉他是个可造之材，一直待在我手下太屈才了，我们这才分道扬镳——这都是后话了。

耿直和纯粹是最强大的特质，能够给予一个人即使收到外界投射过来的恶意，也能将其当作谆谆教诲，进而转换为支撑自身前进动力的力量。

◆ ◆ ◆

阴阳怪气曲解他人的习惯，大概率都是从父母身上学到的。

如果父母不这么做，孩子自然便不会有样学样。所以，父母在子女的教育中尤其要注意自身的行为举止，千万不可出现这种行为，这也是我教育孩子的一大方针。我将孩子包裹在纯粹、耿直的氛围中，为的就是让他将来的人生路能够更好走。

会不会有读者认为，教育孩子不要"揣测他人"是把孩子当成傻子呢？

在这个世界上，的确会有人笑着说谎。他们笑着夸赞"真漂亮"，心里却把夸赞对象贬低到尘埃里；更有甚者，会在背后直接将坏话脱口而出。但是，这些事真的值得我们去在意吗？

一起上舞蹈课的同学曾对我提出忠告："你看那个人，平时对你好声好气的，其实背地里在笑话你的裙子是便宜货呢。下次她要是问你裙子的价格，千万别告诉她。"

她口中的"那个人"是一位名人，想必在那人看来，我的裙子确实便宜得不像话吧。但这件事在我看来，并不能算是背地里讲坏话，只不过是身处上流社会之人的真实感受罢了，所以我并未对那人产生一丝一毫的失望。毕竟，人家也没有因为我穿的裙子太便宜而不让我参加舞会，对我来说根本没什么损失。

原本，我也不在乎他人对我的态度，只要我自己喜欢这个人就足够了。如果是工作中的同事，只要能保持交流和信息传达的顺畅，不对工作任务造成影响，其他事就没什么可挑剔的。总而言之，从一开始就不疑心他人是否对自己抱有成见或恶意，才更能保证工作效率。

事实上，何止是裙子的贵贱，就算是儿子儿媳被他人如何评价，也不会在我的内心激起任何一丝波澜。

我既没有期待他们成为值得在别人面前炫耀的高富帅、白富美，也不曾要求他们的一举一动必须多么端庄。我更在意的是一些生活小习惯，比如懂不懂女士优先、吃鱼时会不会挑刺。相比之下，如果他们做不到这些事，我才会更加失望。

至于世俗的评价，我毫不介怀——这就是我作为一位母亲，能为孩子提供的不同寻常但充满爱意的包容和体谅。

为孩子撑起纯粹的保护伞

有一次，我在坐电车时遇到了一对看上去像是母子的人。他们坐在我对面，大概是儿子的那个青年智力方面可能有些缺陷，一旁的母亲则举止十分优雅。

青年似乎很喜欢乘电车，一直都很兴奋。母亲坐在旁边，安静地读着一本书。她梳着令人印象深刻的美丽发型，身着一条剪裁合体的连衣裙。

青年像小孩一样不断发出"哇——"的赞叹声，母亲则在一旁大方得体地应和着"这样啊""真不错"。当时的车厢内只有零星几名乘客，他们也不禁目光温柔地望向这对其乐融融的母子。

他人会如何看待自己的儿子呢？我想，这位母亲早已对此毫不在意，将自己和孩子从外界的凝视中解放出来。由于这位母亲的强大内心和优雅姿态，我的内心受到了极大的触动。

美丽的母亲安静地陪着孩子，分享他的快乐，全然不在意世俗的目光，不生气、不炫耀、不自卑、不威吓，只是默默照看着孩子前行的路。

或许，这就是将孩子包裹在"纯粹茧房"中的母亲的魔法吧。想必每一个孩子都希望能拥有这样的母亲。

然而，如果自己的孩子出类拔萃、鹤立鸡群，父母反而会更加在意世俗的目光，顾及自身的体面。一旦孩子受到夸赞，不知不觉间就会被逼上必须做个"好孩子"的道路——恐怕这样一来，父母就会错过为孩子撑起"活得纯粹"这把保护伞的绝佳时机了。

告别完美主义

前一阵，一个常被自己的母亲夸赞优秀的小女孩因为精神崩溃而不得已入院治疗。作为一个旁观者，我也觉得很心痛，但这件事的病根出在家人身上，必须从家庭内部着手拔除，这一点外人可帮不上忙。

我们在育儿杂志中常常能看到"鼓励式教育"的字眼，可是"好孩子"和"坏孩子"这种形容词，事实上都是世俗眼光下的产物，以这样的判断来评价孩子，完全是弊大于利。

"真棒、谢谢、很开心、干得不错""太差了、那样会更好吧"……这些都是父母强加给孩子的主观判断。至于"好孩子、厉害的孩子""坏孩子、不靠谱的孩子"这种评价，实则充斥着将孩子推给社会大众检视的表现欲。鼓励式教育固然有其优点，但假如其重点偏向了"鼓励孩子是为了得到社会的认同"这个方向，就必须对其加以区分了。

如果家中充斥着来自世俗的目光和评判标准，早晚有一天，家里的所有人都会被逼疯。

因为这样的评判标准让每个人都已经在心里预设了"完美的家人形象"，然而生活中会发生什么，谁都无法预测，家人的真实状态和"理想状态"出现任何一点不符，都会让人心生芥蒂。一旦以"完美优等生"的滤镜去看待子女，就会发现他们浑身都是缺点，而自己也会在这种精神折磨中变得越发暴躁。

做母亲的往往还会用太过理想化的形象来苛求自己：家务做饭样样精通，社会地位显赫，脸上从不出现鱼尾纹、老年斑和法令纹，身材还要相当火辣……这也会造成很大的问题。正如我在第 1 章里提到的，大脑并不是全能王，如果继续把现实和理想化的形象进行对比，从而对实际的生活产生种种不满，就只会对万事万物更加失望、更加愤怒。

越是追求上进的母亲，越是会深陷在双重对比的精神压力中无法自拔——第一重对比是理想的孩子形象与现实的对比，第二重则是理想的父母形象与现实的对比。由这种对比所引发的对现实生活的不满，会逐渐逼疯家中的每一个人。

自己的人生与他人无关

为什么人们总想在与其他人相处时分出个高下来呢？

有一次，我和一位身材苗条的女性闲谈。她看着我的腰说："我丈夫说，腰围 65 厘米以上的女人都不能算是女人。"我脱口而出："哎呀，那你丈夫判断女性的标准还真是简单粗暴啊！"——当时脑子里怎么想的我就怎么说了，说完再看对方，听到我的话之后只得尴尬又不失礼貌地笑了一下。

我猜，当时她想表达的意思其实是自己在腰围上胜我一筹。但如果我也注视着那名女性的胸说："我丈夫说了，女人的胸没到 D 杯就不算是女人（当然这句话是胡编乱造的）。"这样一来，我们之间是不是就扯平了？然而这样的高下之争有任何意义吗？

我儿子曾经宣称，他对臀围超过 100 厘米的儿媳是一见钟情的，因为觉得她吃完饭后肚子圆鼓鼓的样子实在太可爱了。而对身边的一众苗条美女，他的目光从来没有停留过一时半刻。

说到底，这些都只是个人喜好罢了。我们每个人都在过着自己的人生，为什么一定要给别人的身材样貌分出三六九等呢？

孩子的学习也是如此。

在初中三年级时，偏差值 [①] 60 和 50 的学生之间似乎已经决出了胜负，但有谁能保证偏差值 60 的孩子未来就一定会比偏差值 50 的孩子活得更好呢？没有人敢打包票。相比于死读书、把知识塞满了人脑的孩子，按照自己的节奏循序渐进的孩子也许更能在未来的商界大展宏图。

_____

① 偏差值：指相对平均值的偏差数值，是日本人对于学生智能、学力的一项计算公式值。偏差值反映的是每个人在所有考生中的水准顺位。引自百度百科"偏差值"词条。——译注

况且，就算真的有一条法则能通过学生偏差值的高低来判断其未来境遇的好坏，赚到的钱和人生中的满足感、成就感就一定是成正比的吗？我们完全不需要事先在心里树起一个如此理想化的标杆，给未来妄下定论。

不要把世俗的那一套带进家门。

在日常生活中，不要窥探他人的秘密，不要说话阴阳怪气，不要总把"好孩子""坏孩子"之类的评价挂在嘴边——这就是我想推荐给大家的宠爱家人的基本法则。

等孩子走上社会之后，他们或多或少都会被社会上的人和事所刺痛、伤害，没必要先人一步，在家中就营造出这么冰冷的氛围。

◆ ◆ ◆

只不过，在让孩子更加自在地长大的同时，我们还是要确保他们不至于对世间的规则一无所知。为此，可以通过让孩子大量接触各种故事来增加他们对外部世界的理解。

无论是书、漫画、电影还是电视剧，在故事中，各种类型的主人公都会遭遇千奇百怪的失败。读过许多冒险类、奇幻类文学作品后，孩子自然就能体会到社会的严苛和险恶了。

同样，在夫妻之间，也少不了用一些故事来借物喻人。

曾有朋友跟我感叹：自己的丈夫一点都不温柔。但在他们夫妇一起坐下来看了《爱的迫降》这部电视剧之后，朋友特意发来消息，喜悦地告诉我，丈夫逐渐变得温柔了。

这位朋友和她的丈夫是年长的企业家妻子和年轻的手艺人丈夫这样的组合。在这种婚姻关系中，丈夫倾向于通过行为举止的疏离冷漠来表现自己的强势；而在看过《爱的迫降》后，丈夫才慢慢领悟到，对女性温柔才更能表现自己的男子气概。

爱你，只因为你是你

20 世纪 70 年代，美国播出了一部名叫《草原小屋》（*Little House on the Prairie*）的电视剧。这部剧以西部拓荒时代的美国为背景，描绘了拓荒者一家的日常生活。

这部剧拍摄、播出了 8 年之久，直到剧中的孩子长大成人，算是一部相当长寿的剧集了。在这里，想和大家分享该剧中一个令我印象非常深刻的片段。

主人公劳拉的姐姐是一个举止优雅的美丽女孩。青春期的劳拉看到姐姐越发光彩照人，而自己则看到心仪的男孩子就会害羞脸红，因而非常羡慕姐姐，渴望能够成为像姐姐一样的少女。

劳拉开始纠正自己的行为举止，甚至还会往胸部塞一些填充物，穿姐姐的裙子。看到她所做的一切，有一天，劳拉的母亲对她说，如果你继续试图模仿别人而不是做自己，那些爱你的人还怎么能在茫茫人海中一眼就找到你呢？

听了这番话以后，一味模仿姐姐却发现毫无作用、情绪备受打击的劳拉重新找回了自我，变回了那个名为劳拉的耀眼少女。她平日里活像个假小子，喜欢恶作剧，和姐姐是完全不同的类型，但她仍然用独特的魅力征服了身边的人。

这一集深深地触动了当时正处于青春期的我。从那以后，我放下了自卑，再也不会因为他人的评价而动摇。尽管出人意料，但赐予我勇气的确实就是这集电视剧。

现在，我们拥有的已不仅仅是这部剧，还有许许多多面向年轻女孩读者的故事，它们都反复传诵着这样的主题：女孩们，要勇敢活出自我，只有这样，人生之路才会越来越宽阔。例如，著有《魔幻城堡》（*Howl's Moving Castle*；后被改编为动画电影《哈尔的移动城堡》）等代表作的黛安娜·温尼·琼斯（Diana Wynne Jones）的许多作品都贯穿着这样的主题。

但对于自卑的女孩来说，除了一味强调在故事最后获得丰硕成果的奇幻冒险作品之外，她们更需要的是一些教会她们爱究竟为何物的文艺作品。

乖巧听话、成绩优异、举止端庄，这些都不是父母爱孩子的根本原因。他们爱你只是因为你是你，做自己才是最值得被爱的。

温柔、做饭好吃、会给零花钱，这些也不是孩子爱父母的根本原因。作为父母，自然值得孩子敬爱。

所以，为什么不能把这样的爱好好地传达给对方呢？

正如我在第 1 章所提到的，打着"为了你好"这样的论调，反而会爱在心头口难开。进取心和自以为是的正确让我们总是对家人不自觉地唠叨着"我是为了你好"，但这种矫枉过正的态度正是令家庭关系变得针锋相对的关键点。其实，这样的做法并无恶意，一切都是因为心中怀有对家人的爱。正因如此，本书当中提到的一些规则才显得尤为重要。

法则二：包容遭受挫折与失败的家人

第二条规则：不需要特别防范或指责失败的发生。

设立这条规则的原因已经在上一章讲得很清楚了，因此在这里我们只谈具体做法。

对于家人的失败，我们不仅不应斥责，相反还要谅解、包容。进一步说，就是要对家人的伤心和痛苦感同身受，一起想办法善后。

对失败的人更要宽容

还是以我家为例。在找家，有一条不成文的规矩：遭受失败和挫折的人是不需要为善后的事操心的。

比如，如果家里有人不小心打碎了杯子，就会及时收到来自家人的语言（"没受伤吧？""还好吗？"）和行为（一个温暖的拥抱）上的安慰。至于收拾杯子碎片等琐事，交给家人来做就好。说是这么说，但在大部分情况下，犯错误的当事人也会加入收拾残局的队伍；只不过就算此人不想动手，我们也不会强求。如此一来，心里有了底，犯错误的人才更有勇气面对自己的错误。

东西丢了的时候，全家总动员一起寻找；需要赔偿或修复的情况下，也是全家一起思考善后的方法；有人觉得心里难过时，家人们会挤在一起玩推来推去的小游戏，一个接一个拥抱在一起。

打碎杯子或是因为别的小事而烦恼时，主角通常只有一人，因此难免会觉得孤单寂寞。在这种情况下，这个人一定非常希望有家人的陪伴。

与我家相比，另一种截然相反的情况则是，只要遭逢失败就会受到呵斥，被阴阳怪气的话所淹没。

即便是专职料理家中大小事务的家庭主妇，如果被要求必须把每一件家务都做到完美无瑕，也会受不了。更别提丈夫还在旁边站着说话不腰疼地说："家务做得挺好，可以出门工作了。"

我不认为这样的家庭有多么值得珍视。

毕竟，如果一个家中的氛围是一人遭受挫折苦难，全家心往一处想、劲往一处使，帮助其摆脱困境，这才是所有人都渴望的理想生活吧？

被骂走的愧疚感

正如我在上一章里讲到的，面对遭受失败和挫折的人，我们其实可以换一种态度，想想"我是不是本来也有能帮助他的地方"。

"对了，今天泳池开放了，快帮我把泳衣找出来！"离出门去上学只剩下 5 分钟的时候，儿子突然这样大喊。此时，就算再教训他"怎么不早点说"，事情也不可能得到解决。所以，不如就在转身去翻箱倒柜找泳衣之前对他说一句："妈妈要是早点想到最近泳池要开放就好啦，抱歉了儿子。"

　　这句话会像一颗种子，深深种在儿子的脑海中，生根发芽后再回想起来，儿子便会为了让母亲不再手忙脚乱而在心里记挂着"泳池是不是快开了"这件事。

　　比起被训斥，母亲失望的表情和那句"抱歉"更能触动儿子幼小的心灵。我反复提到，人的大脑十分有趣，如果被骂了再道歉，内心的负罪感会与这句道歉抵消，从而永久地放下，不再放在心上；如果一个人已经习惯了被骂，结果就更是如此了。

　　对此，我有一段亲身经历可供分享。

　　那是我儿子初中三年级时候的事了。我一不小心弄丢了他考试要用的重要参考书，作为一名考生家长，我真是太失职了。我在家中翻箱倒柜地找来找去，几近绝望之际，儿子用平稳的语气对我说：

　　"那会儿妈妈赶着要出差，所以才会忙里忙外地一团糟吧。如果我在平时没什么事的时候交给您，就不会弄丢啦。"

　　14 年过去了，我仍然对那一瞬间记忆犹新。那一刻，我仿佛被轻柔地包裹在了宽大的羽翼下，堪称人生中屈指可数的"幸福一刻"了。同时，我也心中惭愧，明明给儿子带来了这么大的麻烦，反过来还要他来安慰我。

瞧，明明处于一个一点就着的状况，过错反而被举重若轻地谅解了。这样的处理方式才能被更深刻地铭刻在大脑当中。

善意的因果循环

说到这儿，我又想起了一件事。有一次，我喊住着急出门上班的儿媳，想让她帮我办点事，结果她没能顺利完成。

儿媳是个责任感很强、做事稳扎稳打的孩子，无论办什么事情都鲜少出现纰漏。因此，这次没能做好我交代的事，让她很失落，一直垂头丧气的。

我不禁想起了14年前儿子对我的谅解，于是向她道歉："对不起，明知你着急上班还喊住你给我帮忙，是妈妈的不是。"

这么一想，儿子对我的包容跨越了时空，最终抚慰了他如今深爱着的人的心灵，这是多么奇妙啊！

家人的包容和谅解就像海上的波浪，潮起潮落，始终不曾离去；同样，来自家人的威吓也总会以某种形式回到其他家人的身边……或许这就是所谓的"因果循环"吧。

既然如此，在人生中的每一个时刻，我们都应该谨记这一点，时不时地为家人做些让他们心情愉悦的事。既然"自食恶果"是这个世间颠扑不破的真理，那么能不能说"自食乐果"、为家人种下喜悦并收获快乐，就更是如此了呢？

这样想来，要将家庭关系打造得亲密无间，也并不是什么难事了。

法则三：重视心灵层面的对话

我曾为一位 8 岁儿子的母亲进行咨询。

她说，自己与儿子之间的沟通不是很顺利："儿子更喜欢爸爸，好像对他来说，这个家里有没有我都一样。"她声泪俱下地倾诉着，言语间透露出内心的疲惫。

这位母亲年轻漂亮，比起妈妈更像个大姐姐。小孩子在 8 岁这个年龄段明明应该和母亲保持高频率的交流，为什么会出现这样的情况呢？我对此表示疑惑："儿子放学回家后，您一般会跟他说点什么呢？就比如昨天吧，您都说了什么？"

她回答："我说：今天在学校怎么样？快去写作业！对了，没再和那个谁一起玩儿了吧？"

我突然哽住，无言以对。

"今天在学校怎么样？快去写作业！"这样的话，听起来和下班回家的丈夫对妻子说"今天都干什么了？快点做饭！"的效果是一样的。听到这样的问话，换作是谁都不会想接话茬儿，更别提有来有往地聊下去了。

况且，由父母决定自己应该交什么样的朋友，怎么想都有点别扭吧？当然，这在大多数人看来都是不可取的，所以在这里我就不赘述了。

问题就出在"今天在学校怎么样？快去写作业！"这句话上，它很容易出现在父母口中，并日渐成为习惯。但同时，这也是让听话者不知该如何回复的"对话终结者"。

"5W1H"：对话终结者

千万不要用"5W1H"式提问对家人搞突然袭击。

所谓"5W1H"式提问，即以 Who（谁）、When（什么时候）、Where（在哪里）、What（做什么）、Why（为什么）、How（怎么样）开头的问句。

"这是什么？""今天干什么了？""在学校怎么样？""为什么不做这个？""去哪儿了？""几点回家？""这是什么时候买的？""为什么把它放在这儿？"……这些问题是不是听上去非常耳熟？难道家人之间的对话不靠"5W1H"式提问、命令和说教就进行不下去了吗？

突然发难的"5W1H"正如格斗场上的信号铃声，一旦出现，就意味着家庭气氛又要紧张起来。听到这些话的人会感到自己遭受了攻击，大脑即刻进入备战状态。

但如果是例如"酱汁在哪儿？""奶奶的法事是什么时候来着？"这种与提问者本人要采取的行动息息相关的问题，则不在"5W1H"范围之内。我在此要说的，只是用来质问听话者活动的"5W1H"问题。

让我们想象这样一个场景：女儿正捧着手机玩得不亦乐乎，这时，如果父亲突然凑过来，仿佛想要窥屏似的问道："这是什么？"女儿一定会一脸不耐烦地锁屏，然后起身离开。青春期的子女和他们的家长对这一幕想必是相当熟悉的。

父亲绝对不能问女儿的问题

"这是什么？"——在大多数情况下，父亲想要开启同女儿的对话，都会选择这样的开场白。实际上，他们是在问："看你对这个很感兴趣，能不能告诉我这是什么？"

就像父亲当年曾经向沉迷画画的 5 岁女儿问道："画的是什么？"女儿回答："是婚纱哦！这是我自己的婚纱，将来我要嫁给爸爸！"那时的场面是多么温馨啊，父亲们只是想再次找回那份甜蜜的回忆罢了。

可是在青春期的女儿听来，这句话却变味了："干什么呢？也不学习，就知道玩这些无聊的东西！"

事实上，惹恼家人的大多数原因都在于，各人对正在发生的对话内容各有各的理解，彼此之间出现了偏差。

值得一提的是，青春期的女儿之所以讨厌自己的父亲，从生物学上也能得到解释：作为成年男性，父亲身上一定会有股让女儿反感的味道。

动物通常可以从对方的体味中提取基因信息，从而判断对方是否可以作为交配对象。它们便能够从中筛选出特定的发情对象，这些对象往往拥有与自己完全不同的 HLA 基因。这是一种防止与基因相近的个体繁衍后代的机制。

为了寻找与自身基因相异的对象，女孩会利用从父亲身上遗传的 HLA 基因来判断异性身上基因的优劣。也就是说，由于和父亲的 HLA 基因一脉相承，对女儿来说，父亲就成了这个世界上"最不可能成为对象"的异性。

女儿在年幼时也许会说出"要嫁给爸爸"这样的话，可到了十几岁的年纪，她们身上的"异性传感器"便会开始发挥作用，几乎是同一时期，大脑中也会产生"亲人之间这么讲话简直太荒唐了"的想法。

作为父亲，大可不必为此诧异慌张。要知道，最终，女儿们都会找到自己心仪的人，并在脑中建立起"父亲本来就不可能成为恋人"这一概念，慢慢地也就会重新和家人拧成一股绳了。

其实女儿与父亲的交流仍然需要不少技巧，关于这些，本书中难以尽述，我在《女儿的使用说明书》一书中有更加详尽的叙述。父女关系因其特殊性，是无法用"家人"这个词一言以蔽之的，因此本书也不一定能应对实际生活当中的一切情况，敬请诸位读者知悉。

丈夫绝对不能问妻子的问题

"你去哪儿？几点回来？"

丈夫在面对即将出门的妻子时，这样的问题是否会脱口而出？如果是这样，请各位丈夫先冷静一下。

这两个问题，可以排到"丈夫退休后最能让身为主妇的妻子血压飙升的问题"前两名了。然而身处新冠时代，这样的问题又何止发生在退休夫妇的身上呢？

对全职主妇来说，她们的思维定式就是：主妇一定要待在家里，最好哪儿都不要去。因此，出门这件事很容易给她们带来愧疚感。而遭遇这样的质问，只会让她们更加觉得自己正在被责备。

前几天，在一场咨询当中，有一位主妇提到：新冠肺炎疫情期间，由于需要居家隔离，丈夫将工作带回了家里，于是自己便没办法去美容院了。看着镜中白发渐生，这位主妇心里非常难过。这样的状态究竟要持续到什么时候呢？对此，我答道："很简单，只要跟他说一声自己要去美容院，然后毫无心理负担地出门就好啦。"很遗憾，如今远程办公已成大势所趋，即便新冠肺炎疫情得到了控制和缓解，这种状况也已经无法改变，所以最重要的是，要抛下心中对于"出门"这件事的负罪感。

如果丈夫居家办公，那么作为妻子，就必须时不时地帮他泡杯茶，还得时刻注意，不能让快递员的门铃声打扰到他。主妇们如果一直想着这些问题，只会把自己逼疯。所以，我建议大家还是心情舒畅、坦坦荡荡地出门即可。

相比于把丈夫的问话当成训斥，从而给自己增加心理负担，甚至变得暴躁易怒，如果妻子能够更加光明正大地去做自己想做的事，对丈夫来说也是一种减负。

综上所述，"去哪儿？几点回来？"这样的问题，对于兢兢业业、时刻将"全职主妇道德准则"铭记在心的主妇们来说，听上去很像是一种斥责，动不动就会令她们血压飙升。

当然，对于被留在家中的丈夫来说，如果真的很想从妻子身上得到这些问题的答案，或许可以在问出这些话之前，先添上一句破冰语，例如："今天打扮得真漂亮啊，是要出门吗？"这样一来，妻子就会回答得更加轻松自在。这是一个重要的缓冲，丈夫需要让妻子知道，自己问她这两句话，并不是出于训斥的目的。

如果觉得做到这一点还是很困难的话，只要面带笑容地问候一声"早点回来"，再把妻子送出门就好了。此外，在适当的时机给妻子发条消息，问问："什么时候回来，需要我来淘米吗？"也是不错的做法。

畅想居家办公的未来

让我们一起想象一下，在不远的将来，为了让居家办公的丈夫和那些不愿走出家门的人过得更舒适，生活将会变成什么样吧。

我认为，今后家里的对讲门铃会增加一个居家办公模式，设定为该模式就表示：虽然我在家，但是目前正在远程会议，无法应门。这个功能非常必要，相信不久之后就能实现。

或许到了那时，快递公司配备的物流设施也会增加通知取件的功能，比如大和运输公司目前的物流服务就配备了一个"远程会议进行中"的按钮，只要按下去，快递员就会知道家中主人正忙，在该模式取消前，他们不会按响这家人的门铃，而是会把快递重新放回车内带走，推迟到客户方便取件时再配送。

工作日的午餐也不再是问题。在当前餐饮业受到严重打击的情况下，居家办公人士对于午餐的需求将会成为巨大的商机。为了方便居家办公，餐厅、饭店甚至将餐车开进了住宅区周边，打造出午餐流动贩卖的新形式。

格局继续打开，可以想见，今后，远程办公中心这类基础设施将随处可见。这些设施一般会由大量可供单人使用的工作间构成，还有可能配套增设托儿所。这些设施如果得到起用，家中的摩擦和来自家人的压力将大大减少；同时，不用再乘电车去往公司也能够让公司内部发生群体感染的概率大幅降低。

我相信，在未来，远程办公中心和大型商场相结合的商业设施将会成为地区开发的重中之重。过去百年间，地区开发主要以轨道交通和车站为主，但这样的城市构造终将迎来转变。

如今，电视上经常能看到房地产商投放的广告中提到："站前地段，永久保值，比爱情更长远！"我们不妨大胆设想，今后，在交通枢纽附近置地将不再是最优选。

我们看到，当前有许多就职于外资企业和都市大企业的员工，已经着手开始在郊区寻找包含许多单间的大房子了。如果不必每周出门上班的话，自然没必要住在通勤圈内。

既然可以在骑车就能到达的远程办公中心里工作，那么当然就不必一定要住在市中心的公寓，而是可以选择面积更大且附带车库的独栋房屋居住。而且，由于这样的房价相对便宜，家里的日子也能过得比现在更宽裕。

如此我们便会发现，当前，人们正经历着一个思想和价值观翻天覆地转变的时代，而相对的，来自家人的精神压力也会瞬间增大。

照此看来，主妇要想过得比以前更自由，就必须保持清醒的自我意识，不再给自己增加束缚，也不要再同丈夫生无谓的气。

毕竟，如果因为无法忍受暂时性的精神压力，使得原本团结一心的家人分崩离析，甚至发生虐待孩子的事件，实在是太不值当了。

口头恐吓的威力不可小觑

让我们把话题拽回"5W1H"式提问。即便这种提问中没有训斥、威吓的意图，但在别人听起来却很像那么回事。如果再用发泄不满的语气说出口，威吓感将成倍增加。

例如，举着用过的水杯质问家里人："这是谁用完的杯子，为什么不洗？"还有："为什么不干某某事？""为什么就是做不到？""我不是说过了吗？为什么我说的时候你不好好听？"如此等等。

也许家里人知道你在问话时想表达的真实意思，但即便如此，听到这样的问话，难道你还期望着家人能温声细语地回应吗？

本来，这些问句里所谓的"谁""为什么""怎么会"，并不是真的期待有谁能回答，但若被问到的人老老实实地回答了，比如"对啊，是我，怎么了""对不起，不小心忘了""太麻烦了不想干"等，听到这些回答的人只会更生气。

不执着于寻求具体答案的"5W1H"式提问，听起来全部都很像是将自己置于高于他人的地位所发出的斥责，听话者无疑也品得出个中语气，结果只会变得越来越顽固，不愿松口。

要知道，这样的话一旦出口，就会给其他人带来心灵上的伤害，这样做只不过是无谓地在家中散播恼火的种子罢了。

把"为什么"换成"怎么了"

"为什么不做？为什么做不到？"——在即将问出这个问题时，我们最好及时改口成："还好吗，怎么了？"

例如，在孩子没完成作业的时候，可以尝试问他："还好吗？最近好像经常忘记做作业，是有什么事情吗？"而不是劈头盖脸地斥责："为什么又没做作业？"

丈夫突然加班时，大可不必上来就质问对方："加班总得先说一声吧！为什么没有告诉我？"如果把质问改成："你都没有打电话跟我联系，是不是出什么事情了，还好吗？"这种暖心的话听上去是不是好多了？而作为丈夫，一句简短的"你还好吧"听上去就会比直接问妻子"为什么不干活"体贴很多。

"为什么"和"怎么了"，翻译成英语就是"Why"和"What happened / What is the matter"的区别。前者是要对方从自己身上找原因，而后者是从外部环境中找原因。

如果问孩子为什么又不做作业，结果得到"不小心忘了"的回答，作为家长只会更加恼火。如果转而问他："还好吗，发生什么事情了？"即使得到相同的回复，家长只需要接着对孩子说："为了避免下次再发生类似的情况，我们应该怎么做呢？"这样一来，就可以很轻松地推进对话了。

如果把家人的懒散当作其本人的劣根性，用语言去威吓他们洗心革面，根本无济于事。想要通过恐吓和质问来改变人心，基本上不太可能，大家设身处地地试想一下便能明白。

有时候，这样做的确能带来一些效果，例如有人会因为极度厌烦家人用这样的语气和自己说话，自觉地把事情做好。但不管对于问话者还是听话者来说，这样的沟通都会在彼此内心留下不愉快的印象，让家人间的关系越来越针锋相对。

反过来，如果把家人犯的小错误归于外部原因，顺势去思考应当如何改善外部环境的话，就能相对顺利地推进事情的解决，家人间也能够逐步建立起信赖关系了。

从"为什么"到"怎么了"——一点微小的改变就能让家中的气氛瞬间明快起来。真可谓是成也一句话，败也一句话呀。

心灵层面的沟通与解决问题式沟通

沟通有两种，一种是心灵层面的沟通，一种是为了解决问题而进行的沟通。

心灵沟通借由共情推进，最终使得沟通双方达成和解与共识；解决问题式沟通则是从确认问题点出发，不断指出问题，并最终解决问题。

原则上来讲，家人间的对话基本是以心灵沟通为起点展开的。

即便是在解决问题时，家人间的对话也需要从共情的角度切入。在试图说服对方"或许你应该这样做""人家说得也有一定道理"时，首先应该让他们相信，作为家人，我们真的能够理解他们的心情，认为他们已经做得很好了。在此基础上，进行下一步的沟通才会事半功倍。

之所以如此，是因为家庭的首要任务是给予家人安全感，让家人感觉到自己"有枝可依"，从而减轻心理负担，最大限度地刺激大脑，使其活跃。在这之后，我们才能到达解决问题的环节，最终生成能直达大脑最深处——也就是所谓"直击灵魂"的顿悟。

然而在如今的日本家庭中，家人间的对话往往由"干什么""去哪里""什么时候""和谁一起""为什么""怎么办"等语气很冲的疑问句开场，让整场对话直奔着"指出问题和缺点"而去。总而言之，这类对话通常会倾向于我所说的解决问题式沟通。

　　理由很简单。日本人的子女教育基本遵循着"设定目标－达成目标"的模式。比如，短期目标是让孩子快点吃完饭、快点写完作业、快点洗澡，第二天好好去上学；中期目标是让孩子考试拿高分；长期目标是把孩子培养成一名合格的成年人。成为母亲的道路上有这么多大大小小的目标在充当路标，这样一来——"作业做了吗？""学校怎么样？""为什么不交打印件？"……质问和解决问题式对话充斥着日常生活，推着父母和孩子的生活慢慢向前。不知不觉间，孩子长大成人，羽翼渐丰，才终于得以摆脱父母的包围圈。

　　这里面存在着很大的问题。这样长大的孩子，即便在成人后也无法与原生家庭和谐交流；组建自己的家庭后，和家人的沟通也会极端地偏向解决问题式对话。

　　如果正在阅读本书的你恰好出生在这样的家庭，请务必让这种恶性循环终止在自己这一代吧。

如何开启一场心灵沟通

　　来总结一下吧。

　　由突然发难的"5W1H"式提问组成的解决问题式对话，会让谈话双方的思想状态逐渐转变为对抗、战斗的模式。因此，这种沟通方式在家人的沟通中应当被禁止使用。

　　当然，"番茄酱在哪儿""公开课是什么时候来着"这种与问话者本人接下来要采取的行动相关的问题，以及将"为什么"转变为"怎么了"的谈话方式，并不在"5W1H"式提问的范围之内。

　　此外，任何不涉及紧急情况的对话和闲谈，都可以从心灵沟通的层面开启，这样做的效果是最好的。

　　所谓心灵沟通，一般是说话者从自身找话题，而不是对对方身上的事情穷追不舍。我将其称为"聊天的水引子"。

　　水井打不出水时，需要往水泵里倒一桶水，不一会儿井水就会源源不绝地从井底压出，这一桶水就叫"水引子"。试着从自己身上找点话题，例如"我是如何想的""我身上发生了什么事"等，从这些方面切入并开启一场谈话，就如同向对方的井口倒下"水引子",对方的话也会在不知不觉间如井底之水一般滔滔不绝。倒出水引子,再等待对方的话语如水般缓缓流出,这个过程就是"交流"。

儿子还在上幼儿园时,我经常会向他念叨在我日常生活中发生的事:"今天,有人在公司跟我说了这样的话……虽然这种话挑不出什么毛病,可我转念一想,总觉得有些不舒服……"我和他滔滔不绝地说起自己身上发生的事,就是想以这些话作为水引子,勾起儿子聊天的兴趣。有时听到不懂的地方,儿子会问我:"什么是'转念'?"而大多数情况下,作为回报,他都会努力思考一番,然后向我说起与自己有关的事:"今天,我也在幼儿园碰到了一些事……"

通过心灵沟通,我便能够将自己的日常生活真实地传达给儿子;而作为回应,儿子也会对我倾诉许多。在这个过程中,我们俩都能从对方身上汲取到对自己的鼓励。如今,儿子已经 29 岁了,这样的沟通还在继续。

合理利用"聊天的水引子",一家人的关系便能始终保持和谐。

◆ ◆ ◆

要想挑起话题、制造"水引子",有三种方法:关注并试着谈论对方的变化;聊聊自己身上发生的事;向对方征求建议。

首先,我们可以运用以下 4 个小技巧,关注对方的变化,试着以此为话题开启聊天。

1. 表示赞赏

一旦观察到对方身上出现了某些积极正面的变化,可以在第一时间对对方表示赞扬。例如:"换发型了?""感觉你很开心呀!""你这个手机壳真可爱!"

2. 表示担心

一旦察觉对方散发出情绪消沉的信号,立刻送上关心。例如:"怎么无精打采的,还好吗?""这件事我来帮你吧。"与看到积极变化时不同,这种时候千万不能谈论对方明显的外观变化,"黑眼圈都出来了""头发怎么这么毛糙"之类的句子是绝对的禁区。

3. 表示慰问

关注对方的身心状态也同样重要。比如，看见刚从寒风瑟瑟的户外回来的人，可以问候一声："外面是不是很冷，冻坏了吧？"看到刚刚购物归来的妻子，可以慰问一句："东西很沉吧？累坏老婆了。"如此等等。

4. 表示感谢

一旦发现对方为自己做了什么后，一定要适时表示感谢。"谢谢你今天做了我爱吃的茄子咖喱！""谢谢你帮忙换了床单！""谢谢你帮我取了快递！"……用感谢的话语点缀生活吧。

但同时，我也必须提醒大家，还有一个重要的注意事项千万不能忘记，那就是青春期的子女。

由于性激素的影响，青春期的孩子尤其不想受到约束和管教，所以，有时父母会发现孩子呈现出如下状态：就算你发现我在身体或心理上出现了变化，也不要管我，让我一个人待着。

如果以上 4 个小技巧在青春期的孩子身上不起作用的话，也请各位家长明白：强扭的瓜不甜，必要时可以多多使用我接下来要提及的另外两个技巧。

◆ ◆ ◆

三种方法中的第二种是：把自己身上发生的事作为聊天的开场白。

不要吝啬，将自己碰到的大事小情都贡献出来，用作开启聊天的阀门吧。如此，便能逐渐勾起对方聊天的兴趣，从而达成一场心灵层面的对话。

请尽管放心，即使是最平凡无奇的小事也能起到大作用——

"那边河堤上的樱花，已经长出花蕾啦。"

"今天可是下了好大一场雨，好久没见过这么大的雨了。"

"我现在读的这本历史小说里提到的食物，看上去好好吃啊！"

"中午吃的麻婆豆腐辣死我了，现在舌头还是麻的呢！"

"这个广告里用的歌，在我们年轻那会儿可流行了！"

无论当下脑子里突然蹦出了什么，一股脑儿说出来就行，没头没尾也没关系。如果把话说得很完整，可能只会得到对方的一声"哦"。正是因为你只是起了个头，话题还没结束，对方才会有兴趣接着聊下去。

◆ ◆ ◆

在所有事情中，那种让自己感到难为情甚至难过的事，反而能打造出家人之间最牢固的纽带。说白了，就是要学会叫苦和示弱。

打车时被司机绕路，网购时卖家发错了货……这种日常生活中的"小确丧"能成为很好的"水引子"。有时候，碰到这样的倒霉事，我并不会有多烦心，反而暗自欣喜，因为这代表又有新的话题可以聊了。

前几天，一位男士来找我做咨询，他说：

"我家有三个孩子，分别是 2 岁、7 岁和 13 岁。妻子是全职太太，平时也不太爱和其他太太们交朋友。顾及这一点，每天下班回家，我都会想着跟她聊聊天。

"可是妻子好像对这样的聊天完全不感兴趣，甚至很不耐烦。后来她甚至明确向我表示：'等到老幺满 18 岁，咱俩就离婚，我现在就盼着这一天到来了。'我为她付出了这么多努力，难道都是一厢情愿吗？"

于是我问他，每天都和妻子进行什么样的对话。对方回答："我就是问了一句：'今天都干什么了？'"瞧瞧，这不就是典型的"5W1H"嘛！

妻子为了照顾孩子、做家务，忙里忙外了一整天，听到这样的问题心里该有多么绝望！她的一天已经被无休无止却乏善可陈的育儿工作和家务塞得满满当当了，你还一回到家就让她向你汇报工作，这让人如何开得了口？

而且，"今天都干什么了"可是一句相当危险的台词。也许妻子原本计划好要做一些事，却因为出了岔子并未如愿完成，此时这句话在她听来就像是在责备自己：你这不是在家白白待了一整天，什么都没收拾吗？

话又说回来，在这种情况下，也不能吊儿郎当地随便找个话题开头，不然更会适得其反。试想，丈夫对着忙了一天、身心俱疲的妻子，却说起些"今天你打扮得真漂亮""公司大楼的绿化带里长出了蒲公英"之类可以称为"废话"的话，恐怕妻子只会觉得这个人脑子有病、莫名其妙吧。

因此，这种时候也只有诉苦才不会让聊天陷入僵局了，例如："今天又被部下议论了，简直服了他们！""在电车上给一位阿姨让座，结果她竟然冲我翻了个白眼，说自己还没到被让座的年纪。"诸如此类。

总而言之，这个让家人心灵相通的诀窍中蕴含了"示弱求安慰"的深意，可以说是比较高级的一种技巧了。如果觉得这种方法运用起来稍嫌困难的话，请继续往下看第三条。

◆ ◆ ◆

诚如上一章所述，大脑是通过和其他对象产生互动而被激活的。也就是说，我们的大脑渴望着"他人因自己的所作所为产生反应"。越是向自己寻求建议，并为此感激不已的对象，人们越是容易对其产生亲近感。

从大脑的功能性来看，主动给予别人善意的大脑会比被动接受善意的大脑获得更强烈的满足感。把这种满足感带给你的家人吧——去依赖他们，感谢他们。

"帮我尝尝咖喱的味道吧。""今天煮火锅放点什么好呢？""妈妈的生日约哪家饭店呢？""要开远程线上会议的话，用哪款 App 效果好？""在这儿摆个书柜，什么颜色的更漂亮？"——你可以时不时地在这类问题上征求家人的建议。

除此之外，在一些社会热点话题上，我们也可以听听来自家人的想法。"你说 9 月份学生们究竟能不能照常开学呀？""关于《爱的迫降》这部剧掀起的热潮，你怎么看？"——社会当中的大事小情都可以拿来作为聊天的话题。

让大脑暂时从家务事中解放出来，聊天会进行得出乎意料地顺利。

共情是关键

最后，我想针对"心灵对话"中不可或缺的"共情"做一些补充。

1

妻子："昨天婆婆又说我了，好难过……"

丈夫："我妈也没有恶意，你别放在心上。"

妻子："我知道的。"

丈夫："那就别老絮叨了。"

2

妻子："昨天婆婆又说我了，好难过……"

丈夫："这还真是挺伤人的，我妈心真大……我替她跟你道歉。"

妻子："没关系啦，你能理解我就好。我也知道婆婆没有恶意的。"

丈夫："你心真软，谢谢你的谅解。"

以上两组对话中究竟哪一组让人心里更舒服，相信大家都能看出来吧？

如果有读者在日常生活中采用的是前一种讲话方式，还请在今后尽量避免。

不论是夫妻还是亲子，要想开启家人间的谈话，首先必须接受对方的情绪。

即便整件事都是妻子、丈夫或孩子的错，也要先和他们站在同一立场，公平客观的建议暂时往后放放，待到谈话进行到后半段时再提也不迟。如果能在对话中表现出对谈话对象绝对的包容和袒护，到最后，当事者自己也能领悟到解决事件的公正方式。

我们的大脑拥有绝妙且微妙的平衡感，请相信家人大脑中的感觉吧。

法则四：不要侵占家人的时间与空间

第一，别把"世俗"那一套带进家门；第二，包容遭受挫折与失败的家人；第三，重视心灵层面的对话。以上三条原则可以帮助我们收获无比珍贵的亲情。或许有读者看到这里，已然觉得这些准则过于烦琐，但我必须再追加一条。

要问为什么需要增加一条原则，就不得不提及由于新冠病毒肆虐而方兴未艾的远程办公模式。

2020 年夏天的东京，有许许多多的公司都开始从上到下采取远程办公模式了。我的公司所在的神田地区有很多制药企业，为了维持企业形象，这些公司是绝对不允许司内出现集体感染现象的。许多写字楼因此陷入了休眠状态，但与此同时，业务还是要正常推进。

远程办公出人意料地发挥了巨大作用——这也是当前社会上普遍认同的一个现实。而我想，即便日后新冠肺炎疫情得到了控制，远程办公的趋势也绝不会就此止步。

但就在形势一片大好之时，新的家庭危机却正在蠢蠢欲动。

居家办公的缺陷

在新冠肺炎疫情和远程办公期间，来自全职太太们的痛苦发声越发响亮了。

本该出门的家人一整天都待在家里，太太们便一刻也不得闲。给孩子分配了单独的房间后，原本夫妻共用的寝室又逐渐变成了丈夫的办公室，她们便慢慢地丧失了私人空间——远程办公，让太太们无法安然居于家中。无奈，她们只得将客厅作为自己的容身之处，然而这依然无法阻挡家里人在房中来来回回。太太们纷纷抱怨，自己的精神丝毫不敢懈怠。

更有其者，本该出门的家人待在家里，因一时兴起发起了没完没了的对话，让她们无所适从，没法集中精力对付手头正忙的活计。例如："我能喝了这杯茶吗？""厕所里快要没纸了！""今天晚饭吃什么？"如此等等。

对此，男人们同样有着各种苦恼。

试想一下，看上去既没有在敲键盘，也没有在开会或打电话，只是单纯地为一个新点子苦思冥想之际，妻子却觉得你只是在发呆，冷不丁地开口叫道："老公，来帮我一下！"

思路瞬间被打断，脑海里的构思因为这一嗓子而烟消云散，工作效率也降到了谷底。即便向妻子控诉不该在这时候打扰自己，她也完全没有放在心上，只会解释说："稍微活动一下更有利于思考，不是吗？"而这，对于完全不擅长多线程任务处理的男性大脑来说，只会让他们的工作效率一蹶不振，抱头叫苦。

区分工作时间和私人时间

针对这种此前从未有过的精神压力，我们必须找到相应的解决办法。

每一个家人所拥有的"时间"和"空间"都需要被分隔开来。注意，需要分隔的不单单是空间，还有时间。

举个例子，可以将家人之间商量事情的时间控制在每天上午 9 点、下午 3 点后的半小时内，以及晚上 5 点之后。

在这三个时间段之外，如果有任何突然想起又怕忘记的要紧事，可以用便笺记下来贴在门上，或是发送邮件提醒。这些都是行之有效的方法。

我的儿媳也同时担任我的秘书，因此，我常常因为业务联络等事宜而不小心在她的私人时间打扰到她。

遇到这种情况，我便会把邮件发到秘书的工作邮箱，极力避免将工作带到家里。起初是儿子跟我提到，让儿媳来做秘书很有可能出现这种情况，所以请我尽量这么做。我对此当然也是举双手赞成的。

即便各自拥有自己的空间，但如果因为工作往来导致私人时间被占据，同样无法让大脑得到休息。我可不希望看到自己与儿媳之间演变成剑拔弩张的紧张局面。

对一名主妇来说，一天 24 小时待在身边的家人和他们嘴里滔滔不绝的闲聊，代表着无穷无尽的精神压力。

　　"既然做了全职太太，承受这些就是你的职责。"——一定会有做丈夫的抱着这样的想法。但是换位思考一下，作为公司员工，一定也不希望上司没完没了地交代任务。人们都需要划清界限，把集中精力工作的时间和休息时间区分开来。

　　同理，父母让孩子快去学习的絮叨以及所有的说教和命令，都不能出现得过于频繁。我有一个朋友就曾被儿子提醒，不要把吃饭的时间变成说教的时间，为此，这位朋友也好好地进行了反思，认为的确必须在这方面引起注意。

　　相信大家都有过这样的时刻，在家里看到某张脸的一瞬间，就管不住自己的嘴了，忍不住想唠叨几句。但如果有些话不过脑子就脱口而出，对整天待在一起的家人而言，就是一种无形的折磨。

　　因此，请诸位一定要对家人是否拥有私人空间和时间这件事多上心，为家人的私人"时空"划出明晰的界限。新冠肺炎疫情时代，让我们用全新的态度来审视与家人的相处吧。

尊重每个人独处的空间与时间

伴随着居家办公的普及，原本是夫妇二人共用的卧室逐渐成了丈夫专用的书房，妻子白天在家中能待的地方大大减少。该怎么办呢？其实，有一个非常有效的改善方法。

假如将客厅划为妻子白天的领地，那么就可以针对此事做出如下规定：上午 10 点至 12 点、下午 1 点至 3 点，从客厅到旁边厨房的区域都禁止家里的其他人进入。其他人如果在此期间有喝水的需求，也要用水瓶打了水拿回自己的房间去喝，不要随便出来。

我有一个朋友的母亲就"占领"了家里的客厅。据说，她正式向家人宣布："从今天起，客厅就是我的私人空间，请大家不要随便进入。"从那以后，这家人就连吃饭也是把饭菜用餐盘直接从厨房递出去，让每个人拿回自己的"领地"吃了。

尽管"不在一起吃饭"这种做法在我看来没有必要，也不是很能理解，但不可否认，真的有人为了规划"私人空间"而特意做到了这个地步。

正因为是与家人的相处，才更要注重这方面，否则就很可能会在不知不觉间过分侵占其他人的私人空间和时间。我们必须适时阻止自己或家人犯下这种错误——在大家变成暴躁的一家人之前。

第 4 章

为家人打造『温柔的源泉』

我的儿子还在念小学时，有一年冬天，发生了这么一件事。

那时候，他非常喜欢待在被炉里，是个十足的"被炉乌龟"①。运动饮料、漫画书、塑料模型玩具等，都被他放在了把手从被炉中伸出来就能够到的范围内。偶尔，儿子会送给自己这么一段可以随便发呆、"自甘堕落"的午后时光。我在隔壁房间工作得不亦乐乎，自然也乐得看他能自己打发时间，便随他去了。

这样过了一会儿，他就会朝我这边喊："妈妈，如果觉得寂寞了，就喊我哦！"

我问他为什么要这么说，儿子回答：因为实在懒得从舒服的被炉里钻出来，所以要想爬出去就必须有个正当理由。如果是妈妈觉得寂寞，那自己就必须赶快到妈妈身边去，这样一来，不就必须从被炉里出去了嘛。这倒也算是个"冠冕堂皇"的理由，可我当时就寻思，难道我觉得孤单寂寞了就一定要喊你吗？本来想当场反驳儿子，因为要集中精力工作便暂时搁置了。

不一会儿，我又想起这件事，突然来了兴致。如果当妈的果

---

① 被炉乌龟：指长时间缩在取暖用的被炉中不愿出来，类似英文中的"couch potato"（沙发土豆）。——译注

真对儿子说自己觉得孤单了，他会作何反应呢？因为太过好奇，我忍不住试着跟他这么说了："妈妈觉得有点无聊寂寞了，你能来妈妈这儿一下吗？"

儿子却有点不耐烦似的说道："稍等稍等，我现在正看到精彩的情节呢！"

哈哈，对妈妈的爱还是没能抵得过被炉和漫画的魅力。

我笑着戳了戳他的后背，他则执着地劝说我："妈妈，一起钻到被炉里来嘛，和我一起看漫画呀！你肯定会觉得有意思的！"拗不过他，最后我们终于变成了把自己舒舒服服埋在被炉里的"被炉乌龟母与子"。

这样做的结果就是，当天我们没能出门采购晚饭食材，菜不够吃了。当我们在被炉里大眼瞪小眼，因为实在不愿意出去而苦恼时，儿子宽慰我说："妈妈，没关系，今天不够吃，明天咱们做饭时多做些蔬菜沙拉就好了。"

人生中偶尔能有这样的一天也不赖，和儿子两个人并排躺在被炉里，闲适地度过一天，这样的事一生中又能有几回呢？我愿意用这样的一天来宠爱、犒劳自己。

宠爱家人又何妨

我和儿子一起，在被炉里度过了一个温暖的冬日午后。太阳温柔地倾洒在我们两个人身上，儿子突然开口问道："妈妈，科研人员靠什么维持生活呢？""大学和研究所都会发工资呀。""啊，真好，那我将来也要做科学家。"

看到全球二氧化碳浓度激升，儿子万分担心地球的未来，于是想要成为一名科学家，研究出能将二氧化碳变为氧气的方法。说起这个，儿子的眼中仿佛射出了光芒："在研究出解决办法之前，如果地球上的每个人都能在每天的同一时刻停止呼吸一分钟，二氧化碳排放量不就能减少很多了吗？在我发现怎么让二氧化碳变成氧气之前，可不可以先用这个法子顶一下？"

"嗯……可是即便停止呼吸，代谢也不会因此减少分毫的。"我解释道，"比方说，停止一分钟的呼吸后，人们会因为窒息而更加大口呼吸，消耗两倍的氧气，排出两倍的二氧化碳，最终呼吸消耗的气体总量也不会发生变化,不是吗?"

"原来如此啊!"儿子恍然大悟。

说完,我们便亲身实践了一下,事实证明果然如此。两人都为刚才的讨论和憋气而哈哈大笑。

不过转念一想,尽管停止呼吸没什么用,但如果地球上的所有居民都能用这一分钟来祈祷我们共同的家园越来越好,反思能源过度损耗和粗放的资源开发方式,情况一定会有所改观。我对儿子说:"小伙子,你可能关注到了一件比科学家所做的更厉害的事呢。"

这一天,"被炉乌龟母与子"思考着地球的未来,打了个沉沉的盹儿。醒过来后,想起晚上没菜吃这回事,正在叹气之时,孩子他爸帮忙把菜买回来了。

——在我养育儿子的全部记忆里,这样的"轻松一刻"几乎随处可见。

举个例子,每年 8 月 31 日,我都会请一天带薪假,全家总动员陪儿子搞定暑假作业。那个时候的场面非常欢乐,我负责给儿子的作文捉刀，孩子他爸负责做手工。在暑期余额即将告罄的这一天，一家三口齐上阵，默契地装作不去在意作业还剩多少，紧赶慢赶地完成"做完暑假作业"这个艰巨的任务，给暑假画上句号——那时的场景别提有多欢乐了。

如今，儿子已经长大成人，年近而立，却仍然对当时的情形记忆犹新。

把自己逼得很紧，同时也催促孩子抓紧时间努力向前——诚然，这样的紧迫感也是不可或缺的，但回过头看看，上文所述的那种"轻松一刻"才是能真正带给孩子优质的教育，也让家人之间联系更紧密的时刻。

宠爱家人又何妨？

厚待自己亦无可指摘。

对我来说，家就是这样的存在。

——谁又能说这样不行呢？

与家人共情

前些时候，一位男士来我这里做咨询，问道："医生，您提到与家人间的交流是从共情开始的，可是这对我来说实在太难了，究竟该怎么办？"

原来，这位男士的母亲患上了轻度老年抑郁症，常常念叨着："活着很空虚，没意思。"尽管在跟母亲聊天时，能感觉到她仍对某些事存在着一些兴趣，但聊不了几句，就会听到她满口都是"随便怎样都行"之类的抱怨和牢骚。这位男士完全不能理解自己的母亲为什么会这样，忍不住会说："比您活得更痛苦的人还多的是呢。""想问题要积极一些啊。"结果就是，谈话又回到了最初的起点，母亲用一句"活都活着了，也没办法"之类的话，便将整个话题都堵死了……

"都这样了，我还必须站在母亲的角度去理解她吗？"这位男士苦恼地发问。

我直视着他的双眼，点了点头："没错，即使这样，也要对令堂抱有同理心，理解她的感受。"

说出这句话时，我的腰杆挺得笔直，语气中充满了坚定。其实，对于这位男士的遭遇和苦楚，我感同身受，也非常能够理解当他听到我说"即便如此也要对她温柔"时的绝望心情。因为我也曾经和我的母亲一起经历过一段这样的岁月。

虽然母亲现在正处于可爱的 90 岁高龄，对万事万物保持着恰到好处的"难得糊涂"，但当年她也曾经陷入过老年抑郁症的泥沼。那时，我曾无数次听到她说："活着真让人难以忍受，不如死了算了。"

突然有一天，我从心底里感受到了母亲正在经历的绝望，因为听到她说："如果从今以后都不能继续跳舞了，我活着还有什么意思？"

母亲是继承了日本舞踊大家之名的舞者。我曾无数次欣赏过母亲的舞台表演，她在舞台上具备压倒性的表现力，华丽的舞姿与高超的技巧让无数观众目不转睛，放在日本的众多舞踊舞者中也堪称一骑绝尘。

如此优秀的舞者，却因膝关节软骨变形，再也无法站起来跳舞。即便如此，母亲仍然每天坚持拄着拐杖去练功房，坐在椅子上练习手部的舞蹈动作。但最终，背部难忍的疼痛还是让她放弃了舞蹈，从此大多数时间都只能卧床度过。那时的母亲几乎是咬着牙，从嗓子里挤出了一句话："如果从今以后都不能继续跳舞了，我活着还有什么意思？"

我本人学习交谊舞也有 42 年了，实在无法想象生命中如果没有舞蹈会是怎样一副光景。要说我这辈子唯一的梦想，就是直到离开这个世界之前，都能继续跳舞。

因此在那一刻，我突然理解了母亲的心情，痛彻心扉。

我们双手交握，我哭着说："我明白，这真的很痛苦。我真希望能和您交换身体，哪怕只有一会儿也好，这样您就能再次站上舞台了。"

没想到，听了我的话，母亲却突然清醒过来，怒道："说什么傻话！我宁愿自己一个人忍受这样的痛苦，也不可能让你替我承担，一天都不行！"

　　从那以后，母亲再也不说这样的话了。或许她是害怕天上的神明听到女儿说出想要代母受过的愿望，就真的让其实现吧。

　　也多亏了这件事，让我知晓了母亲对我的爱究竟有多深。

　　我想，当母亲告别人世时，我一定会忍不住用无尽的泪水来反复回味、祭奠这个人生片段。

坚定地付出温柔

付出温柔和付出金钱不同，是一件完全不需要任何成本就能做到的事。

即便自己没有从父母身上获得温柔，也同样可以施与自己的孩子；即便无法从同伴身上获得温柔，也仍然能够向同伴倾注。

为家人付出的温情，终会在家中形成一个温暖的循环，就像一口永不干涸的泉眼，不断地涌出甘甜的泉水。

而对于一些温情稀缺的家庭来说，想要打造一口这样的泉眼，则必须具备一定的契机。首先，需要家中有个人先开了窍，学会将温柔施与其他家人，即便这样的付出得不到回应。

如若将"温柔"置于某种天平上，试图进行等价交换，必须找到一些理由或是做出一些抱怨之后才舍得付出温柔，诸如"因为是好孩子，才会夸赞""因为是个好丈夫（妻子），才会表示感谢""我都付出这么多了，你怎么还是这样"……这样的家庭会永远遭受温情缺失之苦。

起初，一个人在释放内心的温柔时，可能会觉得自己好像在用水浇灌沙漠。完成这件事的确需要磐石般坚定不移的信念，但是请放心，你的家人绝不会让你等太久的。

对于本书中提到的规则，各位读者尽可以亲身实践一番。也不必全部施行，任选其一即可。相信不久之后，你就能看到成效，感觉到家中悄然发生的改变。

——宠爱你的家人。

本书在开篇时就着重提到，要以更加放松，甚至是无所谓的心态来享受家人和家庭带给我们的种种，带着大家转换了常规的思维方式；而行文至此，我忽然发现，全书似乎开启了一个更为广阔的世界。

所谓家庭，事实上在我们每个人的生命中都占据着超乎想象的重要地位。

温柔地对待不听话的孩子；温柔地对待用满腹牢骚和强硬命

令压制自己的父母；温柔地对待冷言冷语的伴侣……慢慢地，生活将发生翻天覆地的变化。

这就是那些奇幻文学作品中所描写的，因个人的牺牲而为整个故事带来圆满的结局吧。正因为公主亲吻了青蛙，从此公主和王子幸福地生活在了一起；正因为天神舍身跳入熊熊烈火，从此天上有了温暖的太阳——世界从此不同了。

我们的人生，就是接连不断的惊喜。

我曾经欣赏过一场东欧的国标舞演出。

舞者的动作干净利落，舞姿轻盈健美。表演结束后，主持人向两位舞者问道：

"二位用每天十几个小时不间断的练习，为自己赢来了宝贵的世锦赛入场券，又为我们奉献了这么精彩绝伦的表演，每年还要为无数海外观众奉上 30 多场巡回演出。这一切想必非常辛苦吧？"

女舞者在听完问题后，做出了如下回答：

"在我长大的那座小城里，每天都经历着战争和死亡，要么投身战争，要么就只有送命。能和自己喜爱的舞蹈共度一生，仅这一件事就让我觉得已经获得了远超常人的幸福，所以我从来没有想过什么辛苦不辛苦。"

奋起反抗，或是坐以待毙。

这是何等危险又残酷的抉择。那里的人们不敢奢望自己能享受毫无负担的快乐人生——没错，这个世间的的确确还存在着这样痛苦的地方。

长久的和平，让日本人早已远离了战争所带来的忧患，陷入危机意识匮乏的状态，以至于会对拥有超凡天赋并拼命将其发挥到极致的人说出一句轻飘飘的"太辛苦了"。而女舞者的回答就像一阵强风，将日本人的"和平痴呆症"吹得一干二净。

当然，和平也有和平时的苦恼。

长久地处于能够自由追求心中理想的环境之中，人们在看待事物时便会不自觉地落入"理想丰满但现实骨感"的窠臼，以自己心中的最高标准来要求周围的环境与之适配。

我们总在追求更优异的成绩、更优质的生活、更好的评价、更高的地位……不只如此，我们还要不停和别人攀比，到底谁能成功得更轻而易举。

如果一直与心灵上的饥渴共处，活在他人的视线和评判之中，而不是依靠自我的意识，那么无论再怎么艰苦奋斗都难以获得满足感和幸福感。与此同时，疲惫也会在拼搏与懈怠的来回摇摆中与日俱增，堆积在心头，成为一座移不动的大山。

如此一来，便会带来一个悖论：生长于和平国度中的人，反而活得比生存在残酷环境中的人更疲惫。正因为如此，能对拼尽全力只为让生命闪耀的人说出一句轻飘飘的"太辛苦了"，便也不足为奇了。同理，大而化之的激励人心的词句或人们普遍认同的道理，有时也会给那些付出了常人难以想象的努力去追逐梦想的人的内心带来深深的伤害。

那一晚，我看着两位舞者因揣摩不透"太辛苦了"这句话的潜台词而对日方翻译露出困惑表情的脸庞，心中不禁升起这样一个念头：日本这个国家，或许也来到另一种层面上的极限了。

◆ ◆ ◆

从那以后，我一直被这种念头隐隐缠绕着，直到有一天突然听闻演员三浦春马的死讯。据说，是自杀。

看到如此才貌双全之人以自杀终结一生，我心如刀绞。或许其中有一些不为世人所知的理由，但在我看来，这实实在在是一名真诚克己的演员终于绷断了心弦。

为什么一切都无法阻止他的自杀？难道没人能用宽广的胸怀包容他的情绪吗？难道没有一位家人能在他濒临崩溃时对他说"偶尔偷懒也没关系。失败是人生的垫脚石。不要担心，如果扛不住了，家里随时欢迎你回来，我们会一直守护着你"吗？

——如今，我又能为此做些什么呢？

就算无法做出什么创举，能够为世界和国家带来改变，但要说为某个家庭带来缓解紧张气氛的良方，总还是可以的吧？

正是基于这样的想法，我写下了这本书。

◆ ◆ ◆

在此，我想对 NHK 出版社的山北健司先生表达由衷的谢意，在他的悉心关照下，这本书才得以在疫情瞬息万变的东京成功问世。他为这本书和书籍背后的我们每一个人都付出了太多太多。

◆ ◆ ◆

人工智能与人机交互研究已陪伴我度过了人生的整整 37 年。

"人"究竟为何物？人工智能无法介入的领域，或者说神圣不可侵犯的"人类尊严"又是何物？如何才能设计出不会威胁"人类尊严"的人工智能？这就是我研究的课题。

这本书尝试着从上述角度切入，剖析了理想中的"家庭"应该是什么模样。

但是，我从不认为所有家庭都应该遵循一种固定的模式，也就是说，从来就没有"家庭本就该是如此"的概念。因地制宜才是最为理想的状态。

当然，如果本书真的能帮助一些家庭的生活变得更轻松，我将非常欣慰。

对于家人来说，与其排山倒海式地进行鼓励，倒不如适时地给予宠爱和谅解，后者反而会让他们更强大——这一点毋庸置疑。

　　衷心希望看到这里的你们，都能够拥有幸福的一生。

黑川伊保子

2020 年 9 月

距离新冠肺炎疫情大规模暴发已经过去太久，久到人们已经对出门戴口罩、做好消毒、扫码测温习以为常了；而疫情常态化和全球各地不断攀升的感染数量仍在提醒着我们，这是一场波及范围极广，并将不断延续下去的持久战。无形的病毒打击了有形的经济，同时也重塑了生活、生产乃至生命的新形态。《纽约时报》一篇专栏中甚至提到，人类社会从此有了新的历史分水岭——"B.C. 与 A.C."（Before Corona and After Corona）。在这一特殊时期，黑川伊保子女士的这本书给家庭关系的处理吹来了一股新风。

翻译这本书前，其实对作者黑川女士不甚了解，所以为了更好地领会书中精神，译前准备必不可少。黑川女士的部分著作早已被国内引进，其中一部还在日本被改编成影视剧。作为主攻人工智能与脑科学领域的专家，她从一种新颖的角度重新阐释男女关系，对读者来说的确是另辟蹊径，让人们能够从更深层、更理性的角度去审视大脑"感性"对自己与家人产生的影响。她认为，男女之间的分歧来源于大脑"感性"的不同，例如本书前半部分提到的男性大脑与女性大脑中存在的"目的导向"与"过程导向"之间的差异即来源于此。

初次阅读至此，我并没有办法做到感同身受：人本来就是多种多样的，岂能简单以大脑反应来分门别类？但令我惊讶的是，在将这样的困惑融入生活实际，和朋友、家人聊过后，我却发现事实确实如此——爸爸一旦认定一个目标就心无旁骛，妈妈则总能照顾到身边全局。作者也提到，因为环境、家庭氛围、教育背景的不同，部分男性或女性的大脑也有可能呈现出完全相反的状态，例如宝冢歌剧团中的女性"男角儿"和体育社团里照顾所有人的温柔学长。

在翻译过程中，对于作者提到的大脑"感性"的含义，我也由一开始的不甚明了到最后豁然开朗。黑川女士在《妻子的使用说明书》中明确指出，男女大脑功能并无性别差异，那么为什么男性和女性之间总有分歧？犹记得市面上曾有一段时期，探讨男女两性关系的书籍占据了很大市场，不说百分之百，起码有七成都在探讨男女大脑的差异。而作者基于脑科学研究成果提出的观点更能令人信服：大脑的功能并不因性别而各异，但面对同一状况，大脑瞬间选择使用的神经回路则确有不同。

此处的感性并非哲学上的"感性"与"理性"的概念。在人们的普遍印象中，感性似乎是感情充沛甚至情绪化的代名词，而以我粗浅的理解，本书中的感性指的则是在遭遇紧急或非紧急情况下，大脑中神经信号传导的某种模式。它在某种程度上主导着脑电信号以何种形式流经神经回路。这种模式的不同会将大脑的思考导向不同的结果，从而产生各种各样的反应。正如左利手与右利手一样，人们在成长过程中总有一套自己惯用的行为模式，习惯了目的导向的思维，自然会与过程导向的思维产生分歧。

不得不说，翻译这本书带给我的影响是巨大的。在疫情和居家隔离措施出现之前，我们从未与家人在同一空间中共处如此长的时间，而且在长大成人后，看待事物的角度和敏感程度迥异于儿时，这让我和许多同龄人，甚至年纪更小的青少年都在与家人相处时迸发出了"火花"，这种火花中蕴含的愤怒与不解远远多

过热情。彼时，因居家而伤害自己、伤害家人的社会新闻屡见不
鲜，着实令人心痛。

2021 年夏天，国内疫情又迎来一波小高潮，尽管在常态化应
对的指导下，人们似乎显得更加游刃有余了，但回忆起那种被无
边的心理压力累积所支配的恐惧，仍令人胆战。慢慢地，我开始
学着与自己、与家庭和解，而在阅读了黑川女士的著作后，我惊
喜地发现有一些地方我们竟不谋而合。正如她在本书结尾所说，
如果能有哪怕几个家庭因她提出的建议而摆脱痛苦，那她也会十
分欣慰；而我当时所想的，也就是简简单单的"如果家里人因为
我的举动，内心能更加放松、平静，就算没白费工夫"。

翻译临近尾声时，结语中的小故事为我的心灵带来了更深层
的震动。20 世纪 80、90 年代的东欧剧变可说是人类历史中极为
浓重的一笔，苏联解体、冷战结束、社会动荡，当时生活在那片
土地上的人们经历着何等辛酸困苦，简直难以想象。两名来自东
欧的舞者用几乎称得上是燃烧生命的舞蹈换来了日本主持人一
句轻飘飘的"太辛苦了"，也难怪双方无法彼此理解了。在舞者
"不舞蹈，毋宁死"的悲壮和付出面前，和平社会中的一切看起
来都那么缥缈；然而和平带给人们的又是另一层次的悲哀，精益

求精催生的却是将自我禁锢于他人审视之下的心灵囚笼。

　　说到底，我们碌碌一生，追求的究竟是什么？古往今来，成功之人获得了社会的赞赏，失败之人被世间嗤之以鼻，这似乎是不可推翻的真理。《逍遥游》中有云："至人无己，神人无功，圣人无名。"若活在他人的视线和私念当中，人便永无满足可言；而无论活出怎样的一生，都不为外界功名利禄所累，自有内心的充盈，兼有他人温柔的肯定和信赖，这样的人生又何其幸运。我们是否也应该审视自我：在汲汲营营的当下，我们有没有匀出包容和温暖，留给自己和身边那些真正关爱自己的家人呢？

◆　◆　◆

　　衷心感谢东方出版社给予的宝贵机会，让我能接触到异国普通民众在与疫情共存时的心理状态和生活日常，立足作者笔下，从大脑感性研究的全新角度去观察这场天灾带给作为个体的"人"的变化。

　　这个世界需要海纳百川的宏大叙事，同样也需要大时代背景下鲜活的微观记录，感谢作者黑川女士，相信她真诚的分享与细腻的笔触会为更多人打开新世界。

感谢编辑王若菡老师为我提供的机会、为译稿提出的有益建议和整个过程中付出的所有辛劳。

感谢阅读本书的每一位读者的包容，我明白因力有不逮，译文尚有诸多不足，若各位读来觉得还算通顺，我将无比感激。

◆ ◆ ◆

愿我们在遍尝辛酸后，同有缘聚于此世的家人一道，享受光芒万丈的人生。

何伊文

2021 年 8 月 21 日